인물로 보는 세계 역사

LIVE 세계사

18 아프리카

천재교육

글 **김정욱**

만화 잡지 연재를 시작으로 어린이들을 위한 글을 써 왔습니다.
지은 책으로 《로봇 세계에서 살아남기》, 《에너지 위기에서 살아남기》, 《who?》,
《그램그램 영문법 원정대》, 《설민석의 세계사 대모험》 시리즈 등이 있습니다.

만화 **문정완**

법률 만화 《만화형법》으로 데뷔한 후 다수의 어린이 만화와 잡지 등을 만들었습니다.
어린이가 스스로 지식을 얻고 표현할 수 있는 좋은 책을 만들기 위해 노력하고 있습니다.
최근작으로는 다수의 《Why?》 시리즈와 《용선생 만화 한국사》, 《배틀 사이언스》,
《위즈키즈 한국사》 등이 있습니다.

학습·감수 **김태규**

고려대학교 역사교육과에서 공부했습니다. 고등학교 교사로 재직하고 있으며,
재미있는 역사 수업을 위해 모인 '역사사랑'에서 활동하고 있습니다.
지은 책으로는 《생각하는 세계사, 서양 고대 편(공저)》, 《생각하는 세계사, 서양 중세 편(공저)》 등이 있습니다.

LIVE 세계사 ⑱ 아프리카

발행 | 2023년 5월 31일 초판 **인쇄** | 2023년 5월 25일 1쇄
발행처 | (주)천재교육
글 | 김정욱 **만화** | 문정완 **삽화** | 이연 **학습·감수** | 김태규
편집 | 천재교육 만화사업팀 **북디자인** | Design Plus
사진 제공 | 셔터스톡, 위키피디아, 천재교육
신고번호 | 제2001-000018호(1980.5.28)
팩스 | 02-3282-1717
고객만족센터 | 1577-0902
주소 | 08513 서울특별시 금천구 가산로9길 54
홈페이지 | www.chunjae.co.kr

ISBN 979-11-259-7052-1 74900
ISBN 979-11-259-7034-7 74900 (세트)

인물로 보는 세계 역사

LIVE 세계사

⑱ 아프리카

아프리카 역사 인물과 함께 역사 여행을 떠나요.

아프리카는 야생 동물의 천국입니다. 인류의 조상도 그 야생 동물 중 하나였지요. 이곳에 살던 인류의 조상이 나무에서 내려오면서 인류의 역사는 시작되었어요. 인류 역사의 첫 장을 장식한 아프리카였지만 그 역사는 잘 알려지지 않았습니다. 그러나 아프리카도 다른 대륙처럼 인류의 삶은 이어져 왔어요.

유럽인들이 아프리카에 대한 탐험과 침략에 나서면서 비극은 시작되었어요. 아프리카 원주민들은 학살 당하거나 강제로 유럽과 아메리카로 끌려가 노예가 되어야 했지요. 하지만 그것이 다가 아니었어요. 유럽 열강은 아예 아프리카를 식민지로 삼기 위해 본격적인 침략을 시작했답니다. 에티오피아와 라이베리아 등 몇몇 국가를 빼고는 아프리카에서 유럽의 식민지가 아닌 나라를 찾아보기 힘들 정도였지요. 또한 이들이 편의대로 그은 각 나라의 국경선은 오늘날 여러 분쟁의 원인이 되고 있습니다.

아프리카인은 신식 무기를 갖춘 유럽의 군대에 맞서 승리를 거두기도 했지만, 그것은 극히 드문 경우였어요. 현대에 들어서면서 아프리카 국가들은 식민지에서 벗어나 독립을 달성했습니다. 하지만 유럽인이 만들어 놓은 식민지의 그늘이 워낙 커서 아직까지도 아프리카 국가들은 어려움을 겪고 있어요. 그런 중에도 넬슨 만델라와 같은 위인이 탄생하기도 했지요. 아프리카의 나라들이 과거 식민지의 아픔을 극복하고 세계 역사에 당당히 설 날이 빨리 왔으면 좋겠습니다.

김태규
서울 장충고등학교 교사

《LIVE 세계사》는 어린이 혼자 읽으면서도 쏙쏙 이해되는 세계사 책이에요. 역사적 인물을 통해 각 나라의 역사를 살펴보며 '세계사 공부가 이렇게 쉽고 재미난 것이구나!' 할 거예요. 세계 시민으로 살아가는 어린이들에게 더 넓은 세상으로 나아가는 길을 열어 줄 것입니다.

황은희
서울 월천초등학교 교사

현재 우리가 살아가는 지구에는 수많은 나라와 역사가 있어요. 그 역사 속 사람들을 알고 싶다면 《LIVE 세계사》를 읽어 보는 것은 어떨까요? 여러분이 꼭 알아 두면 좋을 인물을 중심으로 한 재미있는 만화를 읽을 수 있어요.

김현숙
서울 덕수중학교 교사

《LIVE 세계사》는 세계 여러 나라의 역사를 중요 인물과 사건을 통해 살펴보고, 이와 관련된 주변 나라의 역사와 나아가 세계 역사 흐름을 살펴보려는 책입니다. 인물과 사건, 그리고 유적과 유물을 통해 세계는 연결되어 있고, 과거와 현재가 이어지고 있음을 알 수 있습니다.

왕홍식
서울 보성중학교 교사

여러분이 친구들과 많은 것을 함께 나누는 것처럼 세계 여러 나라 사람들도 이웃 나라, 심지어 지구 반대편 먼 나라 사람들과 만나 많은 것을 주고받았어요. 그 결과물이 세계사이지요. 《LIVE 세계사》는 곳곳에 우리나라 이야기도 들어 있어 편하게 만날 수 있을 거예요.

이강무
서울 인창중학교 교사

이 책의 특징

Start

1 여행 지도

해당 나라의 지도와
함께 수도, 언어, 기후,
국기 등 기본 정보를
알아봅니다.

2 만화와 정보 박스

세계 역사 속 주요 인물을
재밌는 스토리와 함께
만화로 만나 봅니다.
정보 박스를 통해
놓치기 쉬운 학습 정보를
보충합니다.

3 세계사 들여다보기
세계사 넓게 보기
세계사 깊게 보기

해당 나라에 관련된
정보를 읽고,
그 시기에 주변 나라와
우리나라는 어떤 일이
있었는지 살펴봅니다.

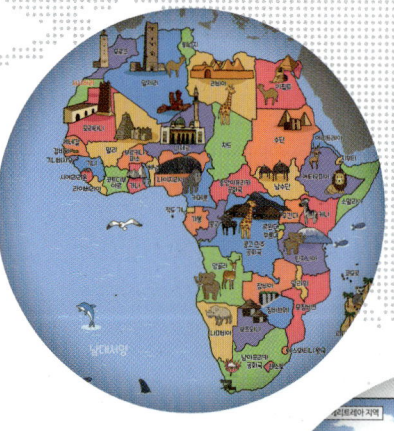

놀이 퀴즈

미로 찾기, 가로세로
낱말 퀴즈, 사다리 타기 등
재밌는 퍼즐을 이용해
학습한 내용을
확인해 봅니다.

문제 퀴즈

세계사와 관련된 다양한
유형의 문제를 풀면서
학습한 내용을 점검하고
교과를 비롯한 여러 가지
시험에 대비합니다.

연표

인물과 사건을 중심으로
역사의 흐름을 이해하고
같은 시기에 우리나라와
다른 나라에서 일어난
사건과 비교해 봅니다.

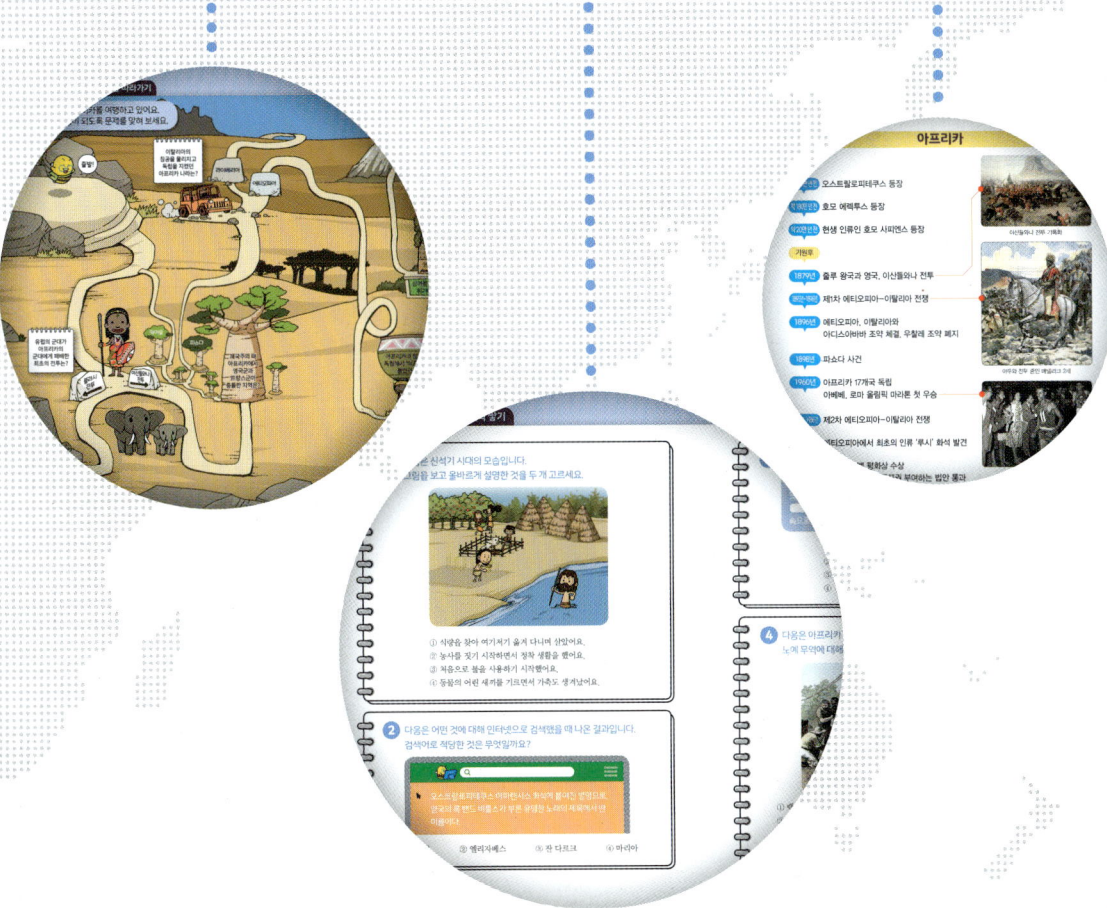

아프리카

북대서양

국가

유엔 가입국 기준으로는 54개의 독립국이 있어요.
주요 국가로는 북쪽에는 모로코, 알제리, 리비아, 이집트, 동쪽에는 에티오피아, 케냐, 탄자니아,
서쪽에는 나이지리아, 가나, 세네갈, 가봉, 남쪽에는 남아공, 보츠와나, 나미비아, 잠비아 등이 있어요.

언어

2,000개가 넘는 다양한 언어가 존재하는데,
이 중 100만 명 이상의 사람들이 사용하는 언어는 50여 개 정도예요.

지리

전 세계 육지의 약 20%에 해당하는, 세계에서 두 번째로 큰 대륙이에요.
동쪽으로 인도양, 서쪽으로 대서양, 북쪽으로 지중해와 맞닿아 있어요.

기후

북아프리카 지중해 연안과 남아프리카 지역은 지중해성 기후, 사하라 사막 지역은 건조 기후,
사하라 남쪽 지역은 사바나 기후나 열대 우림 기후가 나타나요.

종교

전통 신앙을 많이 믿고, 다음이 이슬람교, 기독교 순이에요.
이슬람교는 주로 북아프리카와 탄자니아, 소말리아에서,
기독교는 주로 에티오피아, 남아공 등 동·남부 아프리카에서 믿어요.

경제

농업, 목축업, 광공업 등이 주요 산업이에요. 주요 생산물로는
카카오, 커피, 기름야자, 고무, 면화, 양모, 타조털 등이 있어요.
다이아몬드, 금, 우라늄, 구리, 망간, 크롬, 주석 등 광물 자원이
풍부하지만 외국의 자본과 기술 협력으로 개발되고 있어요.

세계 유산

이집트의 고대 테베와 네크로폴리스, 케냐의 라무 옛 시가지,
튀니지의 카르타고 고고유적, 가나의 성채, 남아공의 로벤섬,
에티오피아의 랄리벨라 암굴 교회군, 세네갈의 고레섬 등이 유명해요.

LIVE
세계사 QR

동영상으로 더 많은
정보를 만나 보세요!

나와 함께
아프리카
여행을
떠나 볼래?

등장인물

해리
이상한 나라의 정원사.
격투기에 뛰어나며,
힘이 아주 세요.

솔이
이상한 나라의 음악가.
악기를 잘 다루고
감수성이 섬세해요.

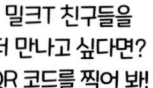 

밀크T 친구들을
더 만나고 싶다면?
QR 코드를 찍어 봐!

버리
부지런하고
호기심이 많아요.
주변을 잘 관찰해요.

하트 공주
이상한 나라
하트 여왕의 외동딸.
자기만의 왕국을
세우려고 해요.

가로
하트 공주의 부하.
충성심으로 가득하지만
엉뚱한 행동으로 일을
그르치기도 해요.

세로
하트 공주의 부하.
공주의 말이라면 무조건
따르며, 눈치가 빨라
행동도 빨라요.

오스트랄로피테쿠스

약 300만 년 전에
생존했던 최초의 인류.
두 발로 걷고 도구도 썼어요.

샤카 줄루

강력한 지도력을 가진
줄루족의 지도자.
줄루 왕국을 세웠어요.

메넬리크 2세

에티오피아의 황제.
이탈리아의 침공을 격퇴하고
근대화를 이끌었어요.

넬슨 만델라

남아공 최초의 흑인 대통령.
흑인 인권 운동으로
노벨 평화상을 수상했어요.

아베베 비킬라

에티오피아의 마라톤 선수.
올림픽 사상 최초로
마라톤 2연패를 이룩했어요.

차례

여기는 이상한 나라.
세상의 지식과 상상이 모여 만들어진 마법의 나라예요.

하트성

레스토랑

도서관

정원

음악관

인간, 동물, 요정, 마법사, 책 속의 인물 등 다양한 이들이 살고 있지요.

이상한 나라에서 가장 중요한 곳은 도서관이에요. 인간 세계와의 균형을 보여 주는
절대시계가 있거든요. 인간 세계가 흔들리면 여기도 무사하지 못해요.

도서관에 인간 세계로
넘어가는 시간의 문이
있다는 건 안 비밀!

껄
껄

이상한 나라는 항상 평화로워요.
가끔 하트성에 사는 공주가 말썽을 일으킬 때 빼고는요.

엄마, 미워!

너 사춘기니?

오늘은 어떤 하루가
시작될까요?

덜
덜
덜

미지의 세계로 출발!

에휴~.

터벅

터벅

솔이야!
여긴 웬일이야?

으윽!

펑

새 노래를 만드는데
*영감을 얻을 책을
찾아보러 왔어.
그러는 넌?

끙

*영감 창조적인 일의 계기가 되는 기발한 착상이나 자극.

난 다음 주에 열릴 *육상 대회를 대비해 달리기 책 좀 보려고!

달칵

앗, 모모!

통

두

모모야, 정신 차려! 어떻게 된 거야?

으… 그게….

하트 공주가 갑자기 찾아와서 책을 훔쳐 갔어.

*육상 대회 땅에서 행해지는 달리기, 뛰기 등 각종 재주를 겨루는 모임.

대체 어떤 책을 훔쳐 갔는데?

아프리카에 관한 책들이야.

아프리카?

아프리카 책을 왜?

공주가 또 뭔가를 꾸미는 게 분명해. 늦기 전에 막아야 해.

관장님!

모모가 아프니 이번엔 너희가 수고해 다오.

네에!

*당장 눈앞에 닥친 현재의 이 시간.

*인류가 시작된 땅

*인류 사람을 다른 동물과 구별하여
이르는 말.

하트 공주를 쫓아 시간의 문을 넘어오긴 했는데⋯ 주변이 어쩐지 *음산하네.

그러게. 사람의 흔적이라곤 전혀 느껴지지 않아. 여긴 어딜까?

아프리카 대륙

에티오피아 지역

회중시계에 따르면 여긴 약 300만 년 전 아프리카의 에티오피아 지역이래.

지잉

아~ 300⋯.

뭐? 300만 년 전! 그렇게 오래전에 하트 공주가 노릴 만한 인물이 있었어?

치덕 치덕

*음산하다 분위기 따위가 을씨년스럽고 썰렁함.

*고민 마음속으로 괴로워하고 애를 태움.

*도구 일을 할 때 쓰는 연장을 통틀어 이르는 말.

오스트랄로피테쿠스 아파렌시스.
약 390만 년 전 지구상에
생존했던 최초의 인류야.
완전한 *직립 보행을 했고
간단한 도구도 만들어 사용했대.

그럼 역시
사람인 거야?

그건 아니야.

지
잉

인류의 먼 조상인 건 맞지만
정확히 말하면 인류와 *유인원의
중간 단계라고 볼 수 있어.
인류의 직계 조상인 호모 사피엔스가
등장한 건 한참 뒤야.

오스트랄로피테쿠스
약 390만 년 전

호모 하빌리스
약 250만 년 전

호모 에렉투스
약 180만 년 전

네안데르탈인
약 40만 년 전

호모 사피엔스
약 20만 년 전

*직립 보행 두 발로 걸을 때 등을 꼿꼿하게 세우고 걷는 것.
*유인원 긴팔원숭잇과와 성성잇속에 속하는 포유류를 통틀어 이르는 말.

*동굴 자연적으로 생긴 깊고 넓은 큰 굴.

저기 좀 봐!
우리가 찾던
아프리카 책이야!

아프리카

둥

아무래도
이들에게 무슨 일이
있었던 것 같아.

부우웅

기다려 봐!
내가 대화를
*시도해 볼게.

조심해!

*시도 어떤 것을 이루어 보려고 계획하거나 행동함.

@✕#%
&ƒ✕@

부웅

뭐래?

우릴 닮은 *존재들이 나타나
자기 엄마랑 친구들을 모두 끌고 갔대.
그래서 그들과 같은 *편인 줄 알고
우리를 공격한 거래.

우리를 닮은
존재들?

그런데 왜
사람도 아닌 이들을
끌고 간 거지?

하트 공주가
분명해.

불끈

28

*존재 현실에 실제로 있음. 또는 그런 대상.
*편 여러 패로 나누었을 때 그 하나하나의 쪽.

＊**한편** 어떤 일의 한 측면.
＊**얌전히** 성품이나 태도가 침착하고 단정하게.

공주님, 말씀하신 대로 오스… 오스트….

공주님, 오스트랄로피테쿠스 아파… 아파….

저리 비켜!

펑

아프긴 어디가 아파! 정말 아프게 만들어 줄까?

버럭

죄송해요. 이름이 너무 길어서….

굽신

굽신

어쨌든 아직 이 정도로는 부족해.

우우우

*기원(31쪽) 사물이 처음으로 생김. 또는 그런 근원.

내 계획은
오스트랄로피테쿠스를 모조리 잡아서
하트 왕국으로 데려가는 거야.
그러면 인류의 *기원이 아프리카가 아닌
하트 왕국이 되겠지!

둥

역시
공주님이십니다!

그런 거대한 계획을
갖고 계시다니!

그러기 위해선
*루시, 네가 중요해.

루시?

왜 그 유인원을
루시라고
부르시는 거죠?

?

*루시(Lucy) 발굴 당시 라디오에서 흘러나오던 영국 록 밴드 비틀스의 'Lucy In The Sky With Diamonds'라는 노래에서 따온 이름.

오스트랄로피테쿠스 화석 중
가장 유명한 것이 1974년에 에티오피아
아파르 지역에서 발견된 화석이야.
*발굴 당시 '루시'라는 이름을 붙였지.

그럼 이 유인원이
바로 그 화석의
주인공 루시!

펄 쩍

아니야.

휘청

그럼 왜
루시라고…?

*발굴 땅속이나 큰 덩치의 흙, 돌 더미 따위에 묻혀 있는 것을 찾아서 파냄.

그야 새 인류의 기원을 만들려면 루시가 필요하니까. *적당히 닮은 녀석을 루시로 정한 것뿐이야.

씨익

하지만 멋대로 그랬다간 역사적 인물이 뒤바뀔 텐데요.

찌릿

그딴 걸 내가 알 게 뭐야?

내가 루시라고 하면 그때부터 루시가 되는 거야! 알겠어!

뻐

럭

맞아요! 공주님 말씀이 모두 맞아요!

씩 씩

빼꼼

***적당히** 엇비슷하게 요령이 있게.

인류의 기원을 하트 왕국으로 바꾸려는 거야!

오스트랄로피테쿠스를 납치한 이유가 저거였어!

저것들을 당장!

진정해!

불쑥

무턱대고 나섰다간 공주 일행을 놓칠 수 있어.

맞아. 게다가 오스트랄로피테쿠스도 붙잡혀 있다고.

부글 부글

초기 인류는 아프리카에서 다른 대륙으로 퍼져 나갔어. 인류의 기원이 바뀌면 인류 역사는 엉망이 될 거야.

잠깐! 나한테 좋은 방법이 생각났어!

다음 날

우 우

우

우

꾸우

드디어
찾았다!

모조리
잡아들여라!

염려 마세요,
공주님.

무기도 없는
유인원들 쯤이야,
*식은 죽 먹기입니다!

속

척

*식은 죽 먹기 하기에 매우 쉬운 일.

35

그야 우리가 도구 만드는 법을 가르쳐 줬으니까 그렇지.

너, 넌!

이런 걸 *뗀석기라고 해.

제법인데.

탁

탁

탁

탁

탁

각오해! 이번엔 너희가 당할 차례다.

파

앗

오스트랄로피테쿠스 아파렌시스 총공격!

우 우 우

*뗀석기 구석기 시대에, 돌을 깨서 만든 도구.

*진정하다 격앙된 감정이나 아픔 따위를 가라앉힘.

우어어

우르르

다다다

푸하핫!
역시 인류는 위대해.
이런 게 도구를 사용하는
인간과 동물의 차이
아니겠어.

감히
내 계획을 방해하다니!
이러고도 저들이
*무사할 거라고 생각해?

아하,
그러고 보니 그 얘기를
*미처 못 했네요.

따딱

*무사하다 아무 탈 없이 편안함.
*미처 아직 거기까지 미치도록.

쳇, 이렇게 된 *이상 루시라도 데려간다.

우 우 우

우 우 우 우

우 우 우

우어어

뭐 하는 거야? 얌전히 있지 못해!

*이상 이미 그렇게 된 바에는.

41

쑤

우
우
욱

*한발
늦었어!

루시가!

후훗,
그럼 우린
먼저 가마.

오스트랄로피테쿠스

파아아

***한발** 어떤 동작이나 행동이 다른 동작이나 행동보다 시간·위치상으로 약간의 간격을 두고
일어남을 나타내는 말.

43

안녕, 오스트랄로피테쿠스와 잘들 *지내보라고!

쿠오오오

다다다

기다려요!

파앗

콰르르릉

콰르르릉

*지내보다 서로 사귀어 겪어 봄.

큰일이야!
*화산이
폭발하고 있어!

*화산 땅속에 있는 가스, 마그마 따위가 지각의 터진
틈을 통하여 지표로 분출하는 지점.

45

*위험하다 해로움이나 손실이 생길 우려가 있음.

*부들부들 몸을 자꾸 크게 부르르 떠는 모양.

*한시 잠깐 동안.

시간이 없어! 서두르자!

파

앗

슈 우 우 웅

얘들아,
조금만 기다려 줘.
꼭 루시를 구해 올게.

슈 우 우 웅

사냥이 최고! 구석기 시대

인류의 역사는 사용한 도구에 따라 석기 시대·청동기 시대·철기 시대로 구분해요. 이중 석기 시대는 석기를 만드는 방법에 따라 구석기 시대와 신석기 시대로 다시 나누지요. 최초의 인류가 살았던 구석기 시대에는 돌과 돌을 부딪쳐서 만든 '뗀석기'를 사용했어요. 돌이 깨졌을 때 나타나는 날카로운 면을 사용하는 것이지요. 주먹 도끼, 찍개 등 다양한 뗀석기가 등장한 이유는 구석기인들이 사냥을 주로 했기 때문이에요. 특히 매머드 같은 대형동물을 덫이나 함정을 이용해 사냥하거나 도구로 무리 사냥을 했지요. 사냥감을 쫓아 자주 이동해야 했기 때문에, 동굴이나 바위 그늘 같은 곳에서 무리 지어 생활했어요.

퀴즈 구석기 시대 사람들이 주로 식량을 구했던 방법은?
① 사냥 ② 농사

① 냥사

사냥보다는 농사! 신석기 시대

사람들은 시간이 지나면 나무 열매가 다시 열리고, 씨앗을 버린 땅에는 새로운 식물이 자란다는 것을 깨달았어요. 인류는 농사를 지으면서 많은 변화를 겪게 되었어요. 한곳에 정착해서 집을 지어 살게 되었고, 사냥을 적게 하는 대신 동물을 길들여 가축으로 삼았어요. 도구를 만드는 방법도 발전해서, 뼈나 돌을 갈고 다듬어서 원하는 모양을 얻었지요. 이것을 '간석기'라고 해요. 무엇보다 큰 변화는 흙을 빚어 그릇을 만들어 쓰게 되었다는 것이지요. 이 시대를 '신석기 시대'라고 해요. 그리고 이러한 변화들을 '신석기 혁명'이라고 불러요.

많이 먹고 새끼도 많이 낳으렴.

농사를 지으니 떠날 수가 없군.

오늘 저녁은 생선이다!

베링 해협을 건너 아메리카로!

아프리카 대륙에 처음 출현하여 다른 지역으로 이주한 최초의 인류는 호모 에렉투스예요.
그런데 아프리카와 유럽, 아시아는 서로 연결되어 있지만 바다 건너 아메리카 대륙에는 도대체
어디로, 어떻게 건너갔을까요? 정답은 '베링 해협'이에요. 아시아와 아메리카 대륙 사이의 좁은
해협인 베링 해협은 빙하기에는 수백 미터 두께의 얼음으로 뒤덮여 서로 연결되어 있었다고 해요.
이곳을 통해 최초의 인류 중 일부가 아시아에서 아메리카로 건너갔던 것이지요. 이후 날씨가
따뜻해지면서 해수면이 상승해 아시아와 아메리카는 다시 갈라지게 되었어요.

퀴즈 빙하기 때 인류가 베링 해협을 건너 이동한 곳은?
① 아메리카   ② 아프리카

① 답장

한국의 선사 시대

우리나라에서도 구석기 시대와 신석기 시대의 특징을 갖는 여러 유적이 발견되었습니다.
충청북도 청주의 두루봉 동굴에서는 구석기 시대 어린아이의 유골이 완벽한 모습으로
발견되었어요. '흥수아이'라고 이름 붙여진 유골 주변에는 꽃의 성분들이 발견되어 세상을 떠난
아이에게 꽃을 바친 것으로 짐작하지요. 서울 암사동에서는 신석기 시대의 마을이 발견되기도
했어요. 큰 홍수가 발생했을 때 우연히 세상에 모습을 드러냈지요. 학자들은 이곳에서 여러 개의
집터를 발견했는데, 음식을 보관하거나 요리할 때 썼던 빗살무늬 토기도 많이 발견되었어요.
빗살무늬 토기는 신석기 시대에 한반도에서 가장 널리, 가장 오래 사용된 토기라고 해요.

흙을 불에 구우면 단단해진다는 것을 알게 된 신석기인들은 토기를 발명해 냈어.

빗살무늬 토기
신석기 시대를 대표하는 유물

빗살무늬 토기의 정확한 용도가 뭐죠?

곡식도 담고 음식도 하지.

여기저기 다 쓴다는 말이야.

퀴즈 신석기 시대에 한반도에서 널리 사용된 토기는?
① 빗살무늬 토기 ② 민무늬 토기

줄루 왕국의 승리

쿵

사뿐

착

으, 또 넘어졌어.

이번엔 또 어디야?

~끙

줄루 왕국

지금은 1879년이고, 여긴 남아프리카의 줄루 왕국이래.

54 　***구석기 시대(55쪽)** 인류가 처음으로 나타난 시기부터 약 1만 년 전에 신석기 시대가 시작되기 전까지 돌을 깨뜨려 도구를 만들어 사용하던 시기.

*구석기 시대에서 꽤 멀리까지 왔네.

하트 공주가 이번엔 또 누굴 노리는 걸까?

글쎄, 아직은 발자국이 안 보여서…

슉

번 쩍

얘들아, 위를 조심해!

헉

헉!

뭐, 뭐야!

탁

침략자다! 잡아라!

순식간에 둘러싸였어!

진정하세요!
뭔가 오해하신 것 같은데,
저희는 침략자가
아니에요!

주춤

주춤

거짓말!
누가 속을 줄 알고?
우리 땅과 보물을
가로채려는 거잖아.

척

어휴

속고만
살았나!

누굴 도둑
취급하는 거예요?

탁-

뻐

꺅

침략자가
*반항한다!
어서 잡아!

척

잠깐!
모두 멈추세요!

*반항하다 다른 사람이나 대상에 맞서
대들거나 반대함.

*백인 살이 아주 하얀 백색 인종에 속하는 사람으로, 유럽과 북아메리카 사람들이 대표적임.

잠시 뒤

놀라게 해서 미안해요. 난 줄루족 꼬마 *전사 딩딩이라고 해요.

난 버리라고 해.

반가워. 난 해리, 이쪽은 솔이.

백인들과 뭔가 안 좋은 일이 있었나 봐?

백인 침략자들이 우리 땅에서 우리를 내쫓으려고 했죠.

뭐?

***전사** 전투하는 군사.

저항하는 사람들을 해치기까지 했고요.

어떻게 그런 짓을 할 수 있지?

그 정도는 약과야. 나중엔 유럽 열강끼리 아프리카 땅을 두고 서로 다툰다니까.

남의 땅을 놓고 다툰다고?

흥

후우

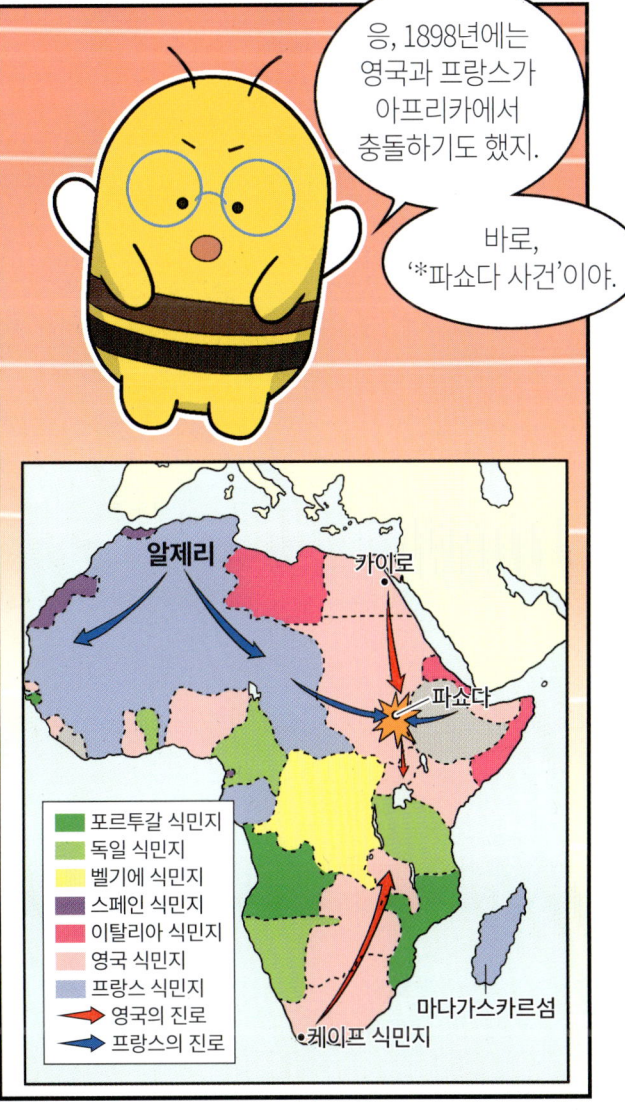

응, 1898년에는 영국과 프랑스가 아프리카에서 충돌하기도 했지.

바로, '*파쇼다 사건'이야.

알제리
카이로
파쇼다
마다가스카르섬
케이프 식민지

포르투갈 식민지
독일 식민지
벨기에 식민지
스페인 식민지
이탈리아 식민지
영국 식민지
프랑스 식민지
영국의 진로
프랑스의 진로

*파쇼다 사건 카이로에서 남쪽 케이프 식민지까지 연결하려는 영국의 종단 정책과 알제리에서 동쪽 마다가스카르까지 연결해 식민지를 확대하려는 프랑스의 횡단 정책이 충돌한 사건.

61

이게 말이 돼?
남의 땅에 들어와서
그걸 서로 갖겠다고
*싸움질이라니!

부들 부들

이게 다
제국주의
때문이에요.

그게 누군데?

털썩

크

제국주의에 대해
알려면 먼저 유럽 열강이
어떻게 발전했는지를
알아야 해.

15세기~16세기, 유럽의
강대국들은 *신항로 개척으로
발견한 아메리카 대륙을
마구 *약탈했어.

우아!

*싸움질 싸우는 일을 낮잡아 이르는 말.

이들은 아프리카인을 사로잡아 유럽과 아메리카에 노예로 팔아넘겼지.

똑바로 걸어!

아프리카인들은 강제로 고향을 떠나 먼 땅에서 일해야 했어.

흑흑, 집에 가고 싶어.

유럽의 약탈과 노예 무역은 갈수록 심해졌고….

내 땅이야!

여긴 내 땅!

18세기 산업 혁명 때는 새로운 방식으로 이용하지.

재료를 헐값에 사 오고, 남아도는 물건은 그쪽에 팔아야겠군.

이처럼 월등한 힘을 가진 강대국이 약소국을 식민지로 만들어 정치·경제적 지배권을 갖는 정책을 제국주의라고 해.

그렇구나.

＊**신항로**(62쪽) 유럽에서 아시아와 신대륙에 이르는 새로운 바닷길.
＊**약탈**(62쪽) 폭력을 써서 남의 것을 억지로 빼앗음.

들을수록 화가 나네. 자기네들도 똑같은 사람이면서….

그러게. 같은 사람으로서 미안하지도 않나?

그런 마음은 전혀 없을걸요. 백인들은 자신들이 최고라는 *인종주의 사상을 갖고 있거든요.

헉, 정말?

딩딩은 우리보다 어린 것 같은데 아는 게 많구나.

외세의 침략으로부터 우리 왕국을 지키기 위해 공부했어요. 앞으로는 싸움뿐 아니라 아는 것도 많은 전사도 필요하다고 생각해요.

인종주의 인종 간에 유전적 우열이 있다고 하여 차별을 정당화하는 주의.

딩딩, 곧 출발하니까
어서 준비해!
네!
척
무슨 일이야?
사람들이 모두 떠날 채비를
하는 것 같은데.
어쩌면 영국과 전투를
벌이게 될지도 몰라요.
영국이 우리 땅을
노리고 있거든요.
전투?
몇 년 전
옆 나라에서 금과
다이아몬드가
발견되었어요.
영국은 이걸
욕심내고 있죠.
…그래서
그곳은 물론이고
우리 줄루 왕국까지
식민지로 만들려나
봐요.
무슨 소리야?
여긴 대대로
우리 땅인데.
다이아몬드
이제
여긴 우리 땅이야!
반항하면 전쟁이다!

우리 줄루 왕국의 전사들은 이산들와나로 가서 영국군을 막을 거예요.

이산들와나?

그게 어디지?

분위기가 *심상치 않지?

마법 회중시계로 한번 알아봐.

앗, 저기 사자가!

어디요?

휙

척

지금이야!

*심상하다 대수롭지 않고 예사로움.

1879년, 줄루 왕국의 왕 세츠와요가 2만 명의 군대로 이산들와나 평원에서 영국군과 싸워 승리를 거두었다.

지잉

지잉

오호, 그거 듣던 중 반가운 소리네!

이것 봐. 창으로만 무장한 줄루 전사가 총을 가진 영국군을 물리쳤대.

그래! 이번 기회에 제국주의자들을 *혼쭐내 주는 거야!

불끈

딩딩, 우리도 같이 가서 도울게!

앗, 정말요?

생각만큼 큰 도움은 안 될 거야.

속닥 속닥

*혼쭐내다 몹시 꾸짖거나 벌을 줌.

67

이산들와나 평원

우아!
줄루 왕국 전사들이
엄청 많아.

이제 세츠와요 왕이
공격 *명령만 하면 영국군을
혼내 줄 수 있어.

딩딩,
표정이 왜 그래?

터덜   터덜

왕께서
갑자기 공격 중지
명령을 내리셨대요.

68   *명령 윗사람이나 상위 조직이 아랫사람이나 하위 조직에 무엇을 하게 함. 또는 그런 내용.

무슨 소리야?
갑자기 왜?

?

저도 모르겠어요.
누구도 만나려 하지
않으신대요.

시무룩

그러면
어떻게 되는 거야?

속닥속닥

공격을 미루면
오히려 영국에게 패할
수도 있어. 그럼 역사가
꼬일 텐데.

?

듣기로는 *주술사
때문이라던데….
그게 사실인지
모르겠어요.

갸우뚱

주술사?

***주술사** 주술로써 재앙을 면하게 하는 신묘한 힘을 지닌 사람.

*불길하다 운수 따위가 좋지 아니하다. 또는 일이 예사롭지 아니함.
*점괘 점을 쳐서 나오는 괘. 이 괘를 풀이하여 길흉을 판단함.

딩딩 말이 주술사가
이 숲속 어딘가에
머물고 있대.

앗,
이것 좀 봐!

하트 공주의
발자국이야! 주술사는
하트 공주인 게
틀림없어!

어서
찾아보자!

쉿!

쑥덕 쑥덕

아, 답답해.

휙

후훗, 모든 게 계획대로 되고 있어서 행복해.

역사책에서 본 내용을 *예언처럼 이야기해 줬더니 나를 엄청난 주술사라고 믿지 뭐야.

역시 공주님은 천재예요!

전투가 벌어지면 혼란스러운 틈을 타서 세츠와요 왕을 카드에 쏙~! 가두는 거야.

72

***예언** 앞으로 다가올 일을 미리 알거나 짐작하여 말함.

그러면 이미 잡은 샤카 줄루와 함께 세계 최강의 군대를 만들 수 있을 거야.

샤카 줄루

줄루 왕국을 세운 샤카 줄루와 영국군을 물리친 세츠와요가 내 *부하가 되는 거야. 멋지지?

속셈이 저거였어.

근데 샤카 줄루는 누구야?

1820년대 아프리카 남부의 부족들을 *정복해 거대한 줄루 왕국을 세운 전설적인 인물이야.

*부하 직책상 자기보다 더 낮은 자리에 있는 사람.
*정복 남의 나라나 다른 민족 등을 정벌하여 복종시킴.

샤카 줄루 (1787년~1828년)

오늘날 남아프리카 공화국 동부 지역에 있던 줄루 왕국의 지도자예요. 용맹하고 *호전적인 성격으로, 주변의 크고 작은 부족들을 정복하여 거대하고 강력한 줄루 왕국을 건설했어요. 이후에도 꾸준히 무기를 개량하고 군사 조직을 개편해 군사력을 강화했지요. 통치 기간 동안 줄루 왕국은 주변 부족에게 공포의 대상일 정도로 매우 강력한 나라였다고 해요. 그러나 강압적이고 폭력적으로 나라를 다스려서 결국 측근들에게 죽임을 당하고 말았어요.

*호전적 싸우기를 좋아하는 것.

주술사님! 세츠와요 왕께서 새로운 점괘를 알려 달라고 하십니다.

어서 오시오, 주술사!

잠시 후

어, 경비병도 없이 혼자잖아.

후훗! 영국군이 올 때까지 기다릴 필요도 없겠군. 이참에 그냥….

왕이시여, 무엇이 궁금하십니까?

사실은 방금 불길한 꿈을 꾸었소!

어떤 꿈이죠?

우리 줄루 왕국을 세우신 샤카 줄루께서 꿈에 나와 이런 말을 하셨소.

사자 가면을 쓴 사람을 조심하라고!

파 앗

으윽!

확

공주님! 괜찮으세요?

비틀

파

역시 하트 공주님이셨군요!

앗

다 끝났어요. 이제 그만 포기하세요!

저 녀석들은!

호호호, 무슨 말을 하는지 모르겠네. 하트 공주가 누구지? 난 줄루족의 *정기를 이어받은 주술사인데.

거짓말하지 마요!

저들의 말을 믿어선 안 됩니다.

*정기 민족 따위의 정신과 기운.

저건!

무슨 짓이야!
이리 가져와!

슈웅

착

이것 보세요!
저들은 샤카 줄루 왕을
카드에 가둔 뒤, 폐하마저
카드에 가두려 한
나쁜 자들입니다!

슉

북

북

슈우 우우

그러지 마!

뭣들 하느냐!
저 주술사 일행을
당장 붙잡아라!

팟

공주님,
어서 도망쳐야
합니다!

안 돼!
얼마나 어렵게 얻은
샤카 줄루 카드인데!
어서 돌려줘.

거기 서요!

싫은데!

지이이잉

파

앗

다다다

또 놓쳤어.

그래도 샤카 줄루는 구했잖아.

*사악한 주술사 때문에 내가 제정신이 아니었구나. 즉시 영국군을 공격할 테니 줄루의 전사들은 준비하라!

네!

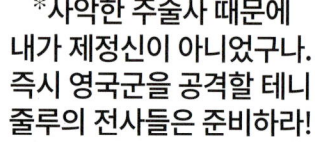

척

고마워요. 덕분에 왕께서 정신을 차리셨어요. 하지만 창을 든 우리가 총을 든 영국군을 상대로 이길 수 있을지….

너무 걱정 마. 우린 주술사는 아니지만 이번 전쟁은 줄루 왕국이 이길 것 같은 예감이 들어.

*사악하다 간사하고 악함.

영국군 진지

이봐! 줄루 왕국의 전사들이 용맹하기로 유명하대. 우리 생각보다 강하면 어떡하지?

훗, 총도 없다는데 뭐가 걱정이야? 그깟 놈들 나 혼자서도 문제없다고!

으쓱

위대한 줄루족의 전사들이여! 적들에게 아프리카의 힘을 보여 주자!

와아아아

어느 틈에!

습격이다! 어서 방어 준비해!

으악

아프리카인들은 겁 많고 어리석은 줄만 알았는데…

우리 생각과 달리 용맹하고 똑똑한 전사들이었어!

와! 이겼다!

줄루 왕국 만세! 세츠와요 만세!

와

와

와

이 전투를 통해 아프리카를 무시하던 유럽 열강은 반성하게 될 거야.

다른 아프리카 나라들도 이 일을 통해 유럽 열강에 대한 두려움을 조금이라도 떨쳐 버렸으면 좋겠어.

이제 우리도 그만 떠나야지.

그래, 하트 공주를 놓치지 않으려면 서둘러야 해.

하트 공주의 발자국을 쫓아 고고!

파 아 앗

이산들와나 전투

줄루 왕국을 세운 샤카 줄루는 엄격한 규율과 강력한 군대로 왕국을 다스렸어요. 특히 줄루족 전사들은 강인하고 싸움을 잘하기로 유명했지요. 그 덕분에 남아프리카에서는 줄루 왕국을 대적할 상대가 없었어요. 당시 남아프리카를 중심으로 식민지를 넓혀 가던 영국은 줄루 왕국을 무너뜨리기만 하면 다른 지역까지 손쉽게 차지할 수 있으리라 생각했어요. 1879년, 마침내 줄루 왕국과 영국 군대가 이산들와나 평원에서 충돌했어요. 그런데 누구도 예상 못한 놀라운 일이 벌어졌어요. 총으로 무장한 영국군이 창과 방패를 든 줄루족에게 크게 지고 말았지요. 이 전투로 영국은 물론 다른 유럽 국가들은 큰 충격에 빠지고 말았습니다.

헉, 총으로 무장한 영국군을 창으로 상대하다니!

그런데도 우리 줄루 전사들이 이겼잖아!

퀴즈 1879년, 이산들와나에서 영국군을 크게 물리친 아프리카 왕국은?
① 시바 왕국 ② 줄루 왕국

ⓒ윤은듬

파쇼다 사건

파쇼다 사건은 1898년, 아프리카 수단의 파쇼다에서 먼저 이 지역을 점령한 프랑스군과 뒤이어
도착한 영국군이 서로 맞서게 되었던 사건이에요. 당시 영국은 아프리카를 북쪽 이집트의
카이로에서 남쪽 케이프 식민지까지 남북으로 연결하여 식민지를 확대하려는 종단 정책을
추진하고 있었어요. 프랑스도 아프리카 서쪽 알제리에서 동쪽의 마다가스카르섬까지 동서를
가로지르는 횡단 정책을 추진하고 있었고요. 이 두 정책이 만났던 곳이 파쇼다였지요.
결국 프랑스의 양보로 전쟁은 피할 수 있었어요. 이는 당시 유럽 제국주의 국가들이 아프리카를
두고 식민지 확대 경쟁을 얼마나 치열하게 했는지를 잘 보여 주는 사건이었지요.

노예로 끌려간 아프리카인

아프리카 지역에 살던 흑인들이 유럽과 아메리카로 퍼져 나간 이유는 바로 '노예 무역'이라는 슬픈 역사 때문이에요. 15세기~16세기에 유럽인들은 신항로 개척으로 아메리카 대륙을 발견했습니다. 그들은 이 신대륙에서 설탕의 원료가 되는 사탕수수를 재배하기 위해 큰 농장을 지었고, 금과 은을 캐내기 위해 광산을 개발했지요. 그리고 건강한 아프리카 사람들을 골라 노예로 사고팔며 끌고 와 일을 시켰어요. 이러한 노예 무역은 유럽 열강이 아프리카를 본격적으로 식민지화하면서 더욱 활발해졌지요. 이로 인해 수많은 아프리카 사람들이 머나먼 타국에서 비참한 삶을 살다 죽어 갔어요. 수백 년 동안이나 계속된 노예 무역은 아프리카 역사와 발전에 치명적인 피해를 주었어요.

노예 무역을 했던 나라는 포르투갈, 스페인, 영국, 프랑스, 네덜란드 등이야.

400년간 아프리카에서 아메리카로 보내진 흑인은 약 1,200만 명이 넘는다고 해.

↑ 노예 무역

퀴즈 신대륙으로 강제로 끌려간 아프리카인들이 주로 일했던 곳은?
① 구두 공장 ② 사탕수수 농장

십삼도창의군

우리 조상들도 일본에 나라를 빼앗길 위기에 처했을 때, 의병을 조직해 맞서 싸웠어요.
대표적인 것이 '십삼도창의군'입니다. '십삼도'는 당시 우리나라가 13개의 도로 나누어져
있었기 때문이에요. '창의군'은 '의(義)를 높이기 위한 군대'라는 뜻으로, 전국에서 일어난
의병들의 연합 부대가 스스로를 불렀던 이름이지요. 나라를 지키기 위한 마음에서 자발적으로
모인 의병들이 일본을 몰아내고자 1907년에 만든 부대였어요. 결국 일본군에게 패한 후
해산되었지만, 우리 조상들이 나라를 지키기 위해 얼마나 노력했는지 알 수 있어요.

독립을 지켜 낸 에티오피아

1895년, 에티오피아 국경 지역

*아무리 걸어도 마을이라곤 안 보여. 도대체 여긴 어디야?

회중시계에 따르면 1895년의 에티오피아 국경 지역이래.

에티오피아라면 오스트랄로피테쿠스를 만났던 곳이잖아.

앗, 사람들이다! *근처에 쉴 만한 마을은 없는지 물어보자.

*아무리 정도가 매우 심함을 나타내는 말.
*근처 가까운 곳.

* **통행** 일정한 장소를 지나다님.

*벨기에 유럽 서북부에 있는 나라.
*콩고 아프리카 중부 대서양 연안에 있는 나라.

그럼 이제 아프리카는 모두 유럽 열강의 지배를 받게 된 건가요?

아니. 다행히 에티오피아와 라이베리아는 독립을 유지하고 있어. 그래서 우리도 에티오피아로 가는 중이지.

근데 이탈리아가 에티오피아를 노린다는 소문이 있어서 좀 걱정이야.

우린 그만 갈게. 너희도 조심하렴.

터벅

터벅

우리도 에티오피아로 가자! 이탈리아가 노리는 나라라면 하트 공주도 관심을 가질 거야.

응.

＊**할당량(90쪽)** 몫을 갈라 나눈 양.
＊**악화(90쪽)** 일의 형세가 나쁜 쪽으로 바뀜.

에티오피아 북쪽, 에리트레아 지역

흠…, 여기가 이탈리아가 점령한 곳이란 말이지.

그렇습니다.

그런데 여긴 무슨 일로?

그야 아프리카의 또 다른 영웅, 메넬리크 2세를 내 부하로 삼기 위해서지. 그는 아프리카 국가로서는 드물게 독립을 지켜 낸 인물이거든.

메넬리크 2세 (1844년~1913년)

에티오피아의 황제예요. 메넬리크 2세가 즉위했을 무렵, 에티오피아는 여러 부족으로 나뉘어 부족 간에 전쟁을 벌이거나, *반란이 일어나는 등 나라가 매우 혼란스러운 상태였어요. 메넬리크 2세는 여러 부족을 통합해 하나의 에티오피아를 만들고, 군대를 강화했어요. 다양한 개혁으로 아프리카 국가로서는 드물게 근대화에도 앞장섰지요. 무엇보다 에티오피아를 노리는 유럽 열강을 상대로 강력하고 노련한 대응을 펼쳤습니다.

***반란** 정부나 지도자 따위에 반대하여 내란을 일으킴.

그러니까 이탈리아가 에티오피아와 전쟁하도록 부추긴 뒤 메넬리크 2세를 카드에 봉인할 생각이시군요.

맞아. 제법인데?

하지만 그러면 역사가 뒤바뀌어 에티오피아가 이탈리아의 식민지가 되고 말 텐데요.

움찔

그딴 거 내가 알 게 뭐야!

버럭

죄, 죄송해요.

근데 이탈리아 *총독이 *난데없이 나타난 우리 얘기를 들어 줄까요?

걱정 마. 나한테 방법이 다 있어.

씨익

*총독 식민지 통치 기구의 우두머리.
*난데없다 갑자기 불쑥 나타나 어디서 왔는지 알 수 없음.

난 에리트레아 식민지 총독 오레스테 바라티에리라고 하오만, 그대는 누구인가?

이분은 오스트리아 국왕의 외할아버지의 형님의 조카의 이종사촌의…
펑
펑
…고모의 사촌 동생 옆집에 사는 하트 공주님입니다!

뭐? 고, 공주!

하핫, 이제 보니 *지체 높은 왕족이셨군요. 몰라뵈서 죄송합니다.

크크~! 공주님 말대로 속아 넘어갔어.

군신

군신

으휴, 바보.

우리 왕실에서는 이탈리아의 에티오피아 점령에 많은 관심을 갖고 있네. 특별한 문제는 없나?

염려 마십시오, 공주님. 이제 곧 에티오피아는 이탈리아의 식민지가 될 것입니다. 메넬리크 2세가 *조약에 서명했으니까요.

조약?

그렇습니다. 몇 년 전 에티오피아와 맺은 우찰레 조약 말입니다.

씨익

쑥덕

그들이 모르는 비밀이 있는데….

쑥덕

*지체 어떤 집안이나 개인이 사회에서 차지하고 있는 신분이나 지위.
*조약 국가 간의 권리와 의무를 합의에 따라 법적 구속을 받도록 규정하는 행위. 또는 그런 조문.

에티오피아의 수도, 아디스아바바

이상하게 숨 쉬는 게 힘들어.

난 머리도 아파.

터벅

터벅

그럴 수밖에. 아디스아바바는 *해발 2400미터 지점에 위치한 *고원 도시야.

헉

2400미터? 누가 이런 높은 곳에 수도를 정한 거야?

그래도 평탄하고 가까운 곳에 강이 있어 지리적으로 유리한 점이 많아. 기후도 쾌적하고.

＊해발 해수면으로부터 계산하여 잰 육지나 산의 높이.
＊고원 보통 해발 고도 600미터 이상에 있는 넓은 벌판.

그러고 보니 도시가 생각보다 깔끔하고 발전된 모습이야.

사실 이런 모습이 된 건 얼마 안 됐어. 메넬리크 2세께서 수도를 여기로 정하고 나라의 근대화를 위해 노력 중이시거든.

근대화라면 어떤 걸 말하는 거죠?

노예 무역을 금지시키고, 신무기를 들여와 군대를 개혁했어. 또 유럽의 기술과 *행정 제도도 *도입할 거라는군. 앞으로 철도도 건설한다고 해.

와, 정말 굉장한 분이군요.

***행정 제도** 정치나 사무를 행하는 체계.
***도입하다** 기술, 방법, 물자 따위를 끌어 들임.

들어 보니 하트 공주가 충분히 탐낼 만한 인재야.

맞아, 주의 깊게 지켜볼 필요가 있겠어.

소곤

소곤

메넬리크 2세 폐하를 뵙고 싶은데, 좋은 방법이 없을까요?

흠…, 글쎄.

아, 맞다! 왕궁에서 *악사를 뽑는다고 하던데. 자신 있으면 *지원해 보는 게 어때?

악사!

***악사** 악기로 음악을 연주하는 사람.
***지원하다** 어떤 일이나 조직에 뜻을 두어 한 구성원이 되기를 바람.

흐음…

터벅

터벅

이 아름다운 음악은 누가 *연주하는 거지?

오늘 새로 들어온 악사입니다.

그 악사를 내게 데려오라.

＊**연주하다** 악기를 다루어 곡을 표현하거나 들려줌.

안녕하세요, 폐하!

아름다운 음악을 들려줘서 고맙다. 이탈리아 문제로 고민이 많았는데, 덕분에 머리가 맑아졌어.

오히려 저희가 영광입니다. 그런데 실례가 안 된다면 어떤 문제로 고민 중이신지 여쭤 봐도 될까요?

난 왕실 안에서 *시기하는 세력이 많아, 왕위에 오르는 데 많은 어려움을 겪었단다.

그때 마침 *선대왕이었던 요한네스 4세가 죽자, 이탈리아는 에티오피아에서 자신들의 영향력을 넓히고자 내가 왕에 오르는 데 도움을 줬지.

난 그 대가로 이탈리아가 에티오피아 북부의 에리트레아 지역을 점령하는 걸 허락해 줬단다.

더불어 화승총과 대포 등의 무기도 제공받았지.

그때 이탈리아와 맺은 것이 우찰레 조약인데, 이 조약이 뭔가 좀 이상해서 말이다.

이, 이건!

*시기하다(100쪽) 남이 잘되는 것을 샘하여 미워함.
*선대왕(100쪽) 죽은 전왕을 높여 이르는 말.

101

왜 그래?
뭐 이상한 거라도
있어?

응,
이탈리아어로 된 조약문과
에티오피아어로 된
조약문의 내용이 달라!

그게 무슨 소리야?
같은 조약인데 내용이
다르다고?

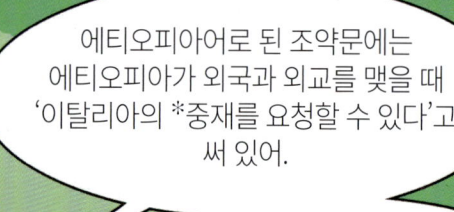

에티오피아어로 된 조약문에는
에티오피아가 외국과 외교를 맺을 때
'이탈리아의 *중재를 요청할 수 있다'고
써 있어.

근데 이탈리아어로 된 조약문에는
'이탈리아의 중재를 요청해야 한다'고
써 있어.

그러면
에티오피아는 결국
외교권을 잃고
이탈리아의 식민지가
되는 거잖아!

나쁜 놈들,
나를 속이다니!

당장
이탈리아와의
조약을 없던 일로
하겠다!

부들

부들

***중재** 분쟁에 끼어들어 쌍방을 화해시킴.

이탈리아군은 엄청 강할 텐데….

하긴 무기만 봐선 아프리카가 유럽을 이기기는 힘들 거야.

그런 걱정이라면 할 필요 없단다.

폐하!

속

보여 줄 게 있으니 날 따라오거라.

휙

척 척 척 척

어? 우리가 알던 아프리카 부족의 전사들이 아니야.

대부분 총을 갖고 있어.

척

척

그동안 유럽 열강의 침략을 대비해 무기를 준비했지.

우리 에티오피아는 그들의 생각만큼 쉬운 상대가 아닐 거다!

슥

게다가 이곳의 익숙한 지형도 우리에게 *유리하지.

아하!

*유리하다 이익이 있음.

한편

우르르

달가닥   달가닥

후훗!
에티오피아 녀석들,
무려 2만 명이나
되는 군대를 보면
놀라겠지?

후다닥   총독님!

무슨 일이냐?
에티오피아가
*항복이라도
한다더냐?

씨익

106

***항복** 적이나 상대편의 힘에 눌리어 굴복함.

***망신** 말이나 행동을 잘못하여 자기의 지위, 명예, 체면 따위를 손상함.

***열등하다** 보통의 수준이나 등급보다 낮음.

이 전투는 유럽 열강이 아프리카에 가장 크게 패배한 전투래. 유럽인들에게는 큰 충격이었지.

지잉

우찰레 조약은 폐기됐고, 이탈리아가 점령했던 일부 지역도 에티오피아에게 돌려줬어. 여기에 전쟁 *배상금까지!

참! 그런데 하트 공주는 왜 안 보이지?

그러게. 분명 메넬리크 2세를 노릴 거라고 생각했는데.

앗, 저기!

부웅

110

*배상금 남에게 입힌 손해에 대해 물어 주는 돈.

후훗,
역시 승리로 인해
에티오피아군이
*방심하고 있군.

ㅋㅋ

지금이다!
메넬리크 2세를
데려가자!

파

앗

누구
마음대로!

*방심하다 마음을 다잡지 아니하고
풀어 놓아 버림.

으아아아악!

슈 우 욱

공주님,
이쪽입니다!

어서요!

탁탁탁

후다닥

114

시바 여왕과 에티오피아

예수가 태어나기 전 이스라엘 민족의 역사와 신의 계시 등을 기록한 '구약 성경'에는 이스라엘 왕국 제3대 왕인 솔로몬 왕과 그를 시험한 고대 왕국 '시바'의 여왕 이야기가 나와요. 솔로몬을 만나기로 한 시바의 여왕은 지혜롭다는 솔로몬 왕을 시험해 보려고 어려운 질문들을 준비하지요. 하지만 솔로몬은 모든 질문에 막힘없이 술술 대답했고, 여왕도 아주 만족스러워했다고 해요. 훗날 솔로몬과 여왕 사이에서는 아이가 태어났는데, 그 아이는 유대인을 이끌고 아프리카로 가서 '에티오피아'라는 나라를 세우고 왕(메넬리크 1세)이 되었어요. 신화대로라면 에티오피아는 유구한 역사를 가지고 있고, 솔로몬 왕의 후손인 셈이지요. 실제로 에티오피아는 이슬람교를 믿는 주변 국가들과 달리 기독교를 믿어요.

↑ 랄리벨라 암굴 교회
바위를 파서 만든 교회로, 에티오피아 기독교의 성지이다.

퀴즈 솔로몬 왕과 시바 여왕의 후손이 아프리카에 세운 나라는?
① 이집트 ② 에티오피아

에티오피아와 이탈리아의 두 번째 전쟁

이탈리아는 아두와 전투에서 에티오피아에게 패하면서 크게 체면을 구겼어요. 에티오피아 북부 에리트레아 지역만 간신히 식민지로 차지했지요. 하지만 이탈리아의 독재자 무솔리니는 에티오피아가 몹시도 탐이 났습니다. 그래서 이탈리아는 1935년에 다시 한번 에티오피아를 침공했어요. 에티오피아는 이번에도 용맹하게 맞섰지만, 독가스까지 사용한 이탈리아에 결국 지고 말았지요. 그러나 에티오피아의 황제 하일레 셀라시에는 끝까지 항복을 거부하고 런던으로 피해, 저항했어요. 에티오피아군도 저항을 이어 갔고요. 결국 제2차 세계 대전이 발발하고 얼마 지나지 않은 1941년, 에티오피아는 이탈리아를 몰아내고 다시 해방되었습니다. 오랜 역사를 가진 독립 국가로서의 자존심을 다시 지킬 수 있었지요.

← 타임지 표지에 실린 하일레 황제
이탈리아의 독재자 무솔리니에 맞서 싸워, 1935년 타임지 '올해의 인물'에 선정되었다.

훈련이 잘된 군대군. 역시 만만히 볼 상대가 아니었어!

무솔리니

← 1936년 당시 에티오피아의 군인들

자유의 나라, 라이베리아

아프리카 서부에 '자유의 나라'라는 뜻을 가진, '라이베리아'라는 작은 나라가 있어요.
라이베리아는 미국에 노예로 끌려갔던 아프리카인 중 일부가 돌아와 세운 나라이지요.
1820년대부터 미국에서는 노예제 폐지 운동의 하나로, 노예에서 해방된 흑인을 아프리카 서부로
이주하게 했어요. 다시 아프리카로 돌아온 이들은 아프리카 서부 지역의 지배자로부터 땅을
사들여 정착했지요. 물론 모든 과정이 쉽지는 않았어요. 원주민은 이주민을 반기지 않았고, 땅은
무척이나 척박했거든요. 하지만 라이베리아인은 꾸준한 노력으로 자신들의 땅을 일궈 냈고,
1947년에는 독립을 선포하면서 아프리카인이 세운 최초의 공화국이 됩니다.

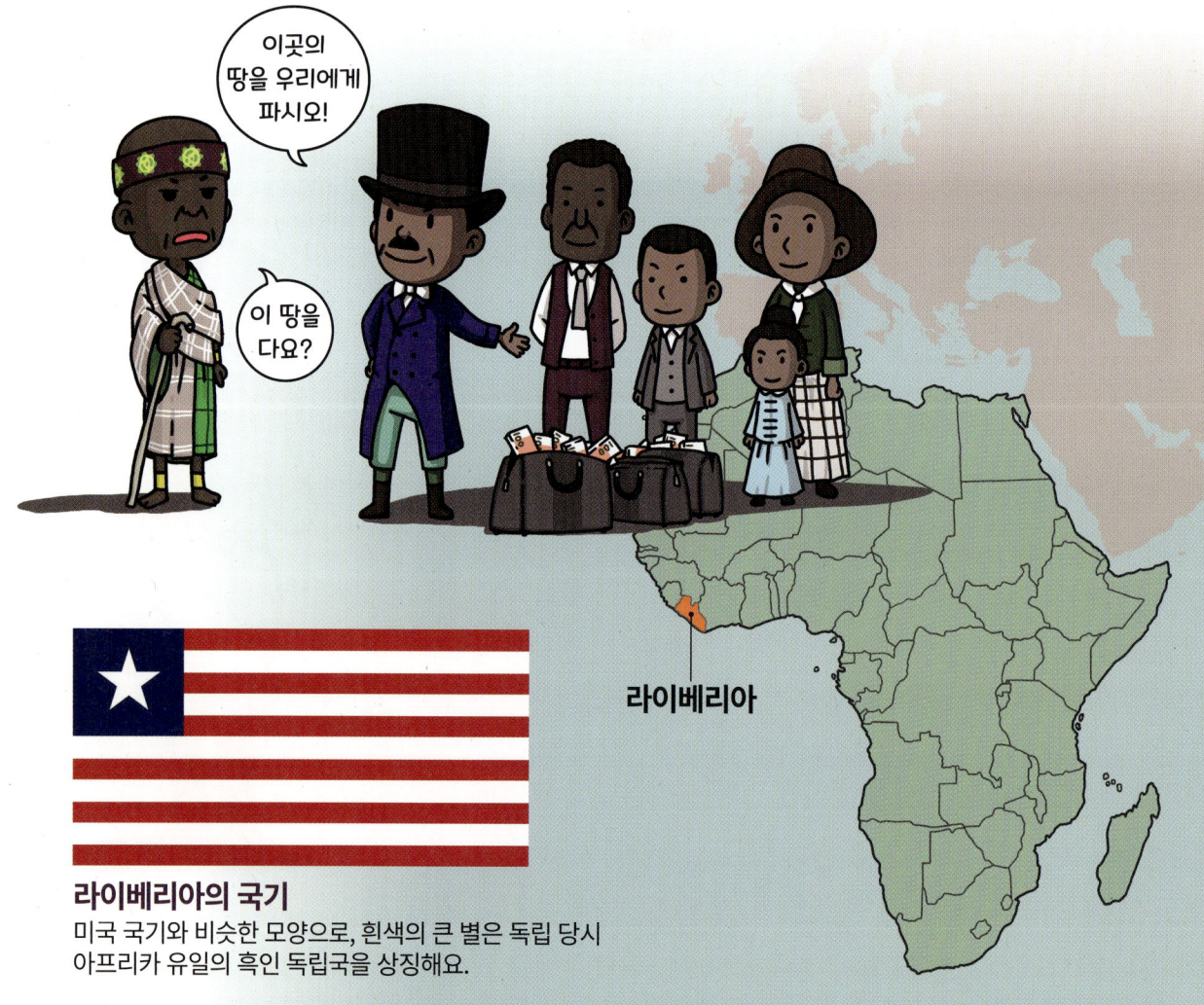

라이베리아의 국기
미국 국기와 비슷한 모양으로, 흰색의 큰 별은 독립 당시
아프리카 유일의 흑인 독립국을 상징해요.

퀴즈 아프리카인이 세운 최초의 공화국은?
① 라오스   ② 라이베리아

조선, 미국을 물리치다

18세기 즈음부터 서양 세력은 전 세계를 대상으로 식민지 쟁탈전을 벌였어요. 물론 조선도 예외는 아니었지요. 1854년에 일본의 나라 문을 강제로 열었던 미국은 조선을 다음 목표로 삼았어요. 그러나 흥선 대원군이 이끄는 조선은 이후 수년이 지나도록 꿈쩍도 하지 않았답니다. 이에 미국은 1871년에 군사를 앞세워 강화도를 침공해요. 과거 미국 상선이 무턱대고 조선에 들어왔다가 침몰한 적이 있었는데, 이 일을 구실로 삼은 거예요. 어재연 장군이 이끄는 수비대는 용감하게 맞섰지만 강력한 신식 무기로 무장한 미군에게 끝내 전멸하고 말았어요. 하지만 미국 역시 조선의 문을 여는 것이 쉽지 않다는 것을 깨닫고 되돌아갔답니다.

퀴즈 1871년 신미양요 당시 조선을 침공한 나라는?
① 이집트 ② 미국

아프리카 민주화의 상징

으 아 아 악

쿵

꾸엑

여기가 너희 집인 줄 알아? 조용히 해!

툭 툭

휙

아이고, 허리야. 여긴 어디지?

***창살(121쪽)** 창짝, 미닫이 따위에 가로 세로로 지른 가는 나뭇조각.
***감옥(121쪽)** 죄인을 가두어 두는 곳.

뭐야? 왜 문에
*창살이 있지?
설마 *감옥!

둥

아저씨,
저 좀 꺼내 주세요!
전 *죄인이 아니에요.

시끄러워!

하여튼
*유색 인종은 하나같이
다 똑같다니까.

가지 마세요!
전 정말 죄가
없다고요!

아무리
소리쳐 봤자
소용없네.

흠칫

*죄인 죄를 지은 사람.
*유색 인종 백색 인종을 제외한, 황색, 동색, 흑색 등의 유색 피부를 가진 모든 인종.

121

여기선 자네가 백인이 아니라는 것만으로도 가둬 둘 이유가 *충분하니까.

말도 안 돼요! 그런 법이 어딨어요?

그게 우리 남아프리카 공화국의 현실이라네.

남아프리카 공화국?

근데… 누구세요?

아, 소개가 늦었군. 내 이름은….

122

충분하다 모자람이 없이 넉넉함.

어쩌지? 솔이가 안 보여.

우리랑 다른 데 떨어졌나 봐.

한편

일단 여기가 어딘지부터 확인해 보자.

1990년의 남아프리카 공화국이래.

남아프리카 공화국?

응, 줄여서 남아공이라고도 부른대.

＊대다수 거의 모두 다.

17세기 후반부터 네덜란드인이 이주해 와 살았고, 한때는 영국의 식민지였어. 지금은 국민 ＊대다수가 흑인이래.

케이프 타운

영국

지

잉

＊보 어 인

남아프리카 공화국

앗, 버스다!

끼익

일단 저걸 타고 사람들이 많은 곳으로 가 보자!

잠깐! 너희는 이 버스에 탈 수 없다.

네? 그게 무슨 말씀이죠?

돈 때문이라면 낼게요.

척

그런 게 어딨어요! 그냥 탈래요!

턱

돈 때문이 아니야. 이 버스는 백인들만 탈 수 있어.

*보어인(123쪽) 남아공의 네덜란드계 백인. 17세기, 네덜란드 동인도 회사를 따라 케이프로 이민하여 식민지를 형성. 후에 보어 전쟁에서 패하여 영국의 지배하에 들어감.

삐익

경찰이야!

얘들아, 도망쳐! 경찰에게 잡히면 위험해.

어, 어···? 잠깐만!

탁

후

다 탁

경찰이 왜 우릴···?

헉

헉

헉

헉

헉

탁탁 탁

이거 놔! 우리가 왜 도망쳐야 돼?

맞아, 잘못한 것도 없는데···.

탁

으휴, 정말 뭘 모르는구나. 너흰 *방금 백인이 타는 버스를 타려 했다고!

뭐?

***방금** 말하고 있는 시점보다 바로 조금 전.

남아프리카 공화국에선 백인과 유색 인종을 철저하게 분리하고 있어. 버스는 물론이고 식당이나 공공시설도.

흑인은 출입 금지야!

이 밖에도 흑인은 직업 제한, *노동조합 결성 금지, 도시 외곽 지역의 토지 소유 금지, 백인과의 결혼 금지 등 많은 차별 대우를 받으며 살아가고 있어.

이렇게 백인과 유색 인종을 나누는 극단적 인종 차별 정책을 '아파르트헤이트'라고 해.

세상에 이런 말도 안 되는 나라가 있다니. 단지 피부색이 다르다는 이유로 어떻게 그럴 수 있지?

노동조합 노동 조건 개선 및 노동자의 경제적 지위 향상을 목적으로 노동자가 조직한 단체.

나도 같은 생각이야. 그래서 지금은 남아공을 바꾸기 위해 흑인 해방 운동 단체에서 일하고 있어.

그럼 혹시 거기서 우릴 좀 도와줄 순 없을까? 실은 헤어진 친구를 찾고 있거든.

흑인 해방 운동 단체?

좋아! 동료들한테 물어볼게.

슉

날 따라와.

탁 탁 탁

그러게, 계속 따라가도 될까?

속닥

여기 좀 무섭다.

쫑긋

속닥

안녕하세요!

오, 샤샤 왔니?

웅성

여긴 제 친구들이에요. 부탁할 게 있다고 해서 데려왔어요.

안녕하세요!

그래, 반갑다.

꾸벅

웅성

응. 너도 갈 거지?

내일 *시위에 쓸 전단인가요?

그럼요!

무슨 일이야? 시위라니?

지금 만델라 선생님이 감옥에 갇혀 계시거든. 그분을 풀어 달라고 시위할 거야.

난 잠깐 밖에 볼일 보고 올 테니, 자세한 건 아저씨께 여쭤봐.

쏙

응.

***시위** 많은 사람이 공공연하게 의사를 표시하여 집회나 행진을 하며 위력을 나타내는 일.

실례지만 뭐 하나 여쭤봐도 될까요?

그럼, 얼마든지.

만델라가 누구예요?

변호사 출신의 흑인 인권 운동가셔.

인종 차별 정책 반대 *투쟁을 벌이시다가 27년째 감옥에 갇혀 계시지.

넬슨 만델라 (1918년~2013년)

남아공 정부의 흑백 인종 차별 정책에 맞서 싸웠던 흑인 인권 운동가예요. 아프리카 민족 회의(ANC)의 지도자로서 인종 차별 정책인 아파르트헤이트에 맞서 강력한 투쟁 활동을 벌이다 체포되어 무려 27년 동안 감옥에 있었지요. 하지만 감옥 안에서도 아파르트헤이트의 부당함을 전 세계에 알리려고 노력하면서 세계적으로 이름을 알렸어요. 전 세계 사람들의 끊임없는 석방 운동으로 1990년 자유의 몸이 되었고, 1993년에는 노벨 평화상을 수상했어요. 1994년에는 남아공 최초의 흑인 대통령으로 당선되었습니다.

*투쟁 어떤 대상을 이기거나 극복하기 위한 싸움.

그럼 흑인 정부가 들어선 나라들은 괜찮나요?

아니, 거기도 혼란스럽긴 마찬가지야.

왜요?

갸웃

가장 큰 원인은 식민지 시절 유럽인이 멋대로 나눈 국경선과 부족 간 갈등 때문이야.

여기까지 우리 식민지.

옥신

각신

그럼 난 여기까지로 하겠소.

어쩐지 직선으로 된 국경선이 많더라.

예를 들어 A라는 부족과 B라는 부족이 있을 때,

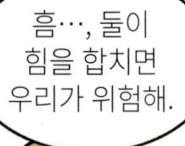

흠…, 둘이 힘을 합치면 우리가 위험해.

국경선은 그렇다 쳐도 부족 간 갈등은요?

A부족

B부족

유럽 열강은 부족 사이를 이간질해서 많은 이득을 얻었어.

이봐! 뒤에서 우리가 도와줄 테니 이곳은 앞으로 너희가 관리하도록 해.

어서 열심히 하지 못해!

짝

짝

결국 식민지 해방이 된 뒤, 오랫동안 쌓였던 부족 간 갈등이 터지게 된 거지.

식민지 해방 뒤

우르르.....르

너희, 예전에 백인이랑 손잡고 우릴 괴롭혔지?

이외에도 고질적인 기아와 질병, 정치 혼란으로 인한 전쟁 등이 아프리카의 많은 나라들을 괴롭히고 있어.

에휴, 결국 가장 큰 원인은 유럽 열강의 식민 지배였군요.

벌컥

네 친구가 어딨는지 알았어!

정말? 어디 있는데?

탁탁

넬슨 만델라 선생님이 갇힌 감옥에 함께 갇혀 있대.

뭐라고?

너무 걱정 마. 지금 만델라 선생님 *석방 운동을 하고 있으니까 아무 죄 없는 네 친구도 나올 수 있을 거야.

고마워. 우리도 힘을 보탤게.

울먹 울먹

*석방 법에 의해 구속했던 사람을 풀어 자유롭게 하는 일.

석방하라　　　　석방하라

아 파르트 헤이트 반대

만델라를 석방하라!

만델라를 석방해 아프리카의 역사를 *바로잡자!

석방하라

석방하라

솔이를 석방하라!

우르르르

훗, 넬슨 만델라의 석방 요구가 날이 갈수록 거세지네. 곧 풀려나겠어.

훗

***바로잡다** 그릇된 일을 바르게 만들거나 잘못된 것을 올바르게 고침.

며칠째 시위가 계속되고 있는데, 아무 소식이 없어요. 역시 감옥에서 나가는 건 꿈인가 봐요.

*유엔(136쪽) 국제 협력을 증진하고 세계 평화를 유지하기 위한 목적으로 설립된 국제기구.
*교역(136쪽) 나라와 나라 사이에서 물건을 사고팔고 하여 서로 바꿈.

솔이 군, 그 정도로 포기하긴 이르네.

난 대학 시절 친구가 백인에게 모욕 당하는 걸 보고 인종 차별 반대 운동을 시작했지. 끊임없이 억압받았지만, 난 흑인 인권 운동을 멈추지 않았어.

평등 자유

1962년에는 경찰에 체포되고, 1964년에는 국가 *반역죄로 *종신형이 선고되어 지금까지 감옥에 갇혀 있어.

하지만 아직도 흑인이 평등하게 살아갈 세상을 포기하지 않고 여전히 세계 각국에 편지를 써서 보내고 있다네.

138

*반역죄 나라를 배반하는 행위를 하여 성립하는 죄.
*종신형 기간을 정하지 않고 평생 동안 교도소 안에 가두는 형벌.

대단해.
난 조금 힘든 일만 생겨도
쉽게 *포기했는데….
부끄럽네.

결심했어요!
저도 선생님을 도와
편지를 쓸래요!

별

떡

휙

하하하,
그거 듣던 중
반가운 소리군.

철 컹

46664번
넬슨 만델라!

?

*포기하다 하려던 일을 도중에
그만두어 버림.

139

석방이다!

으어어어엉~
넬슨 만델라 선생님!

시끄럽게
왜 울어?

너도 석방이다.
어서 준비해!

*결실 일의 결과가 잘 맺어짐. 또는 그런 성과.
*아울러 동시에 함께.

그나저나 이번엔 하트 공주가 *잠잠하네. 만델라 선생님을 노릴까 봐 걱정했는데.

잠깐! 저 사람들 뭔가 이상한데?

어쩐지 뒷모습이 *낯익어.

탁 탁 탁

어서 마법 안경을 꺼내 봐!

휙

여기!

역시 하트 공주 일당이 맞아!

*잠잠하다 분위기나 활동 따위가 소란하지 않고 조용함.
*낯익다 여러 번 보아서 눈에 익거나 친숙함.

*노벨 평화상 노벨상 6개 분야 중 하나로, 평화 증진에 현저히 기여한
개인이나 단체에 수여하는 상.

*훼방 남의 일을 방해함.

험한 꼴
보고 싶지 않으면
*허튼수작 안 하는 게
좋을 거야.

지잉

질질

잠깐!
그건 우리가
해야 할 말 같은데.

헉,
쟤들은 뭐야!

***허튼수작** 쓸데없이 함부로 하는 말이나 행동.

공주님,
어떡하죠?

뭘 어떡해.
이런 경우 답은
하나뿐이잖아.

거기 서요!

뛰어!

파 앗

솔이야,
너도 어서 와!

만델라 선생님,
고마웠어요!
부디 꿈꾸던 아름다운
세상을 만드세요.

탁 탁 탁

너희도
잘 가렴!

너희도
행복해!

아프리카의 해

제2차 세계 대전을 치르는 동안 유럽 국가들의 힘이 약해지면서 아프리카 국가들의 독립 요구는 더욱 거세졌어요. 1951년, 이탈리아의 지배를 받던 리비아가 독립한 것을 시작으로 1960년에는 한 해 동안 무려 17개 나라가 독립했지요. 그래서 사람들은 1960년을 '아프리카의 해'라고 불렀어요. 이후 1970년대와 1980년대까지도 아프리카 국가들의 독립이 이어져, 아프리카에서 유럽의 식민지는 대부분 사라지게 되었어요. 이 당시 세계는 미국과 소련이 만든 냉전 체제에 있었는데, 막 독립한 아프리카와 일부 아시아 국가들은 어느 편에도 속하지 않는 '제3 세계'라는 독자적인 세력을 만들기도 했지요. 2002년 7월에는 아프리카 최대 국제기구인 '아프리카 연합(AU)'을 창설해 아프리카의 경제 회복과 분쟁 해결을 위해 노력하고 있어요.

아프리카의 독립

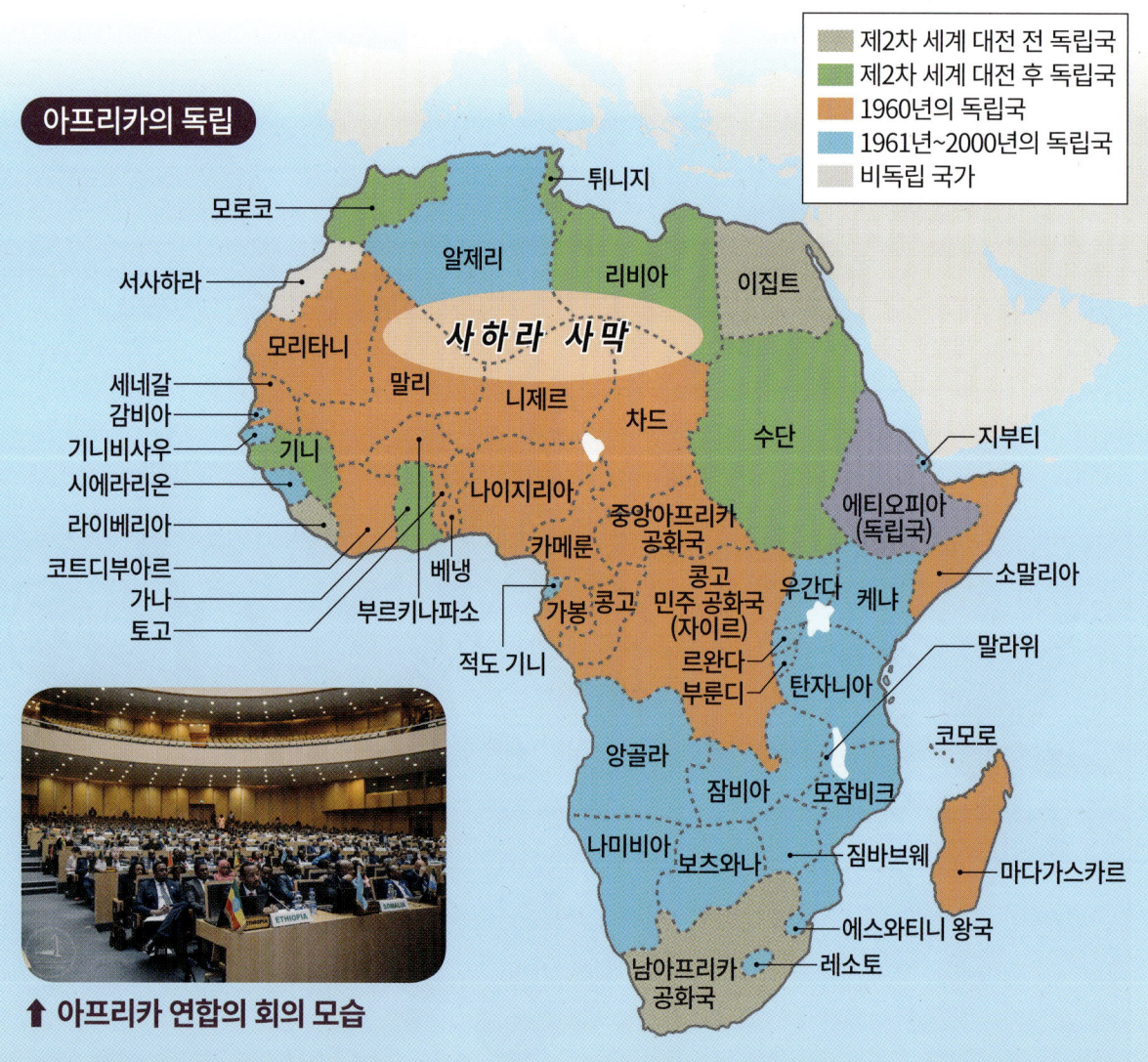

범례:
- 제2차 세계 대전 전 독립국
- 제2차 세계 대전 후 독립국
- 1960년의 독립국
- 1961년~2000년의 독립국
- 비독립 국가

모로코 / 튀니지 / 서사하라 / 알제리 / 리비아 / 이집트 / 모리타니 / 사하라 사막 / 세네갈 / 말리 / 니제르 / 차드 / 수단 / 지부티 / 감비아 / 기니비사우 / 기니 / 나이지리아 / 시에라리온 / 중앙아프리카 공화국 / 에티오피아(독립국) / 라이베리아 / 카메룬 / 소말리아 / 코트디부아르 / 콩고 민주 공화국(자이르) / 우간다 / 케냐 / 가나 / 베냉 / 가봉 / 콩고 / 르완다 / 말라위 / 토고 / 부르키나파소 / 부룬디 / 탄자니아 / 적도 기니 / 코모로 / 앙골라 / 잠비아 / 모잠비크 / 나미비아 / 마다가스카르 / 보츠와나 / 짐바브웨 / 에스와티니 왕국 / 남아프리카 공화국 / 레소토

↑ 아프리카 연합의 회의 모습

퀴즈 무려 17개의 아프리카 국가가 독립한 해는?
① 1960년 ② 1970년

아프리카의 국경선이 반듯한 이유

아프리카 지도를 보면 다른 지역과 구별되는 점이 하나 있어요. 나라와 나라를 구분하는 국경선이
일직선으로 그어져 있다는 점이지요. 이것은 유럽 열강이 아프리카를 식민지로 삼고 나누면서
자기들 편의대로 국경선을 그어 버린 결과예요. 여기에는 많은 문제가 있어요. 아프리카에는
다양한 민족과 부족, 종교가 복잡하게 얽혀 있는데 이런 것들을 전혀 고려하지 않은 채 국경이
생겨 버린 것입니다. 그래서 같은 민족이 서로 다른 나라에서 살게 되고, 전혀 다른 문화와 관습을
가진 사람들이 한 나라 안에 살게 되는 상황이 벌어졌어요. 이 때문에 아프리카의 여러 나라는
독립과 동시에 크고 작은 내전을 겪어야 했어요. 계속되는 전쟁으로 경제는 어려워졌고,
식량 부족 문제까지 발생했지요. 이러한 영향은 오늘날까지도 이어져, 아프리카는 여전히
고통받고 있답니다.

아프리카를 탈출하는 사람들

아프리카의 여러 나라는 지금도 내전이 계속되고 있어요. 그래서 많은 아프리카 사람들이 더 나은 삶을 찾아 고향을 떠나곤 하지요. 이런 사람들을 '난민'이라고 하는데, 난민의 탈출은 목숨을 건 모험이에요. 수십 명의 난민을 태운 작은 보트가 바다 한가운데서 뒤집히는 사고가 종종 발생하거든요. 무사히 바다를 건넜다고 해도 문제는 또 있어요. 유럽 국가들은 난민이 오는 것을 매우 부담스러워해요. 이들을 지원하려면 많은 돈이 필요할 뿐만 아니라, 그 나라 사람들의 일자리가 줄어들고, 치안도 나빠질 수 있기 때문이지요. 그래서 유럽으로 들어가는 통로인 이탈리아, 튀르키예 등에서는 난민이 들어오는 것을 막는 경찰들과 난민의 다툼이 끊이지 않아요. 난민 문제가 커지자 유럽 국가들은 '출신 국가로 돌아가면 박해받을 가능성이 있어 다른 나라의 보호가 필요한 사람'을 난민으로 정하고, 공식적으로 난민의 지위를 인정받은 사람들만 받아들이고 있어요.

퀴즈 전쟁으로 살던 곳을 떠나 외국으로 탈출하는 사람들은?
① 난민 ② 이민

대통령이 된 사형수

김대중은 1998년부터 2003년까지 대한민국을 이끈 제15대 대통령이에요. 대통령에 재임 중인 2000년에 한국인 최초로 노벨 평화상을 수상했지요. 민주주의와 인권, 남북한 화해와 협력을 위해 오랜 세월 헌신한 점을 인정받은 거예요. 노벨 위원회는 김대중 대통령이 세계적인 평화 운동가였던 간디, 만델라, 빌리 브란트 등과 견주어도 손색이 없음을 강조했어요. 그런데 이런 결실을 보기까지 김대중 대통령은 많은 시련을 겪어야 했어요. 독재 정권에 의해 납치·감금을 당했고, 죽을 위기도 여러 번 넘겼어요. '반란죄'라는 이유로 실제 사형 선고를 받기도 했고요. 그런데도 그는 끝까지 민주주의에 대한 자신의 믿음을 굽히지 않았다고 해요.

퀴즈 노벨 평화상을 받은 대한민국의 제15대 대통령은?

① 김대중   ② 만델라

*마라톤 영웅, 아베베

으아아, 짜증나!
아프리카 영웅들을 납치해
새 왕국을 만들려고 했는데!
고작 두 명 밖에 못 모으다니!

컄

크악

그러게 처음부터
*무리라고 그렇게
말했는데….

끙

다시 한 번
내 눈 똑바로 보고
말해 봐!

진짜
아무 말도….

저기 세로가
와요!

뭐라고?

헉!
아무 말도
안했어요.

버럭

154

***마라톤** 육상 경기에서 42.195킬로미터를 달리는 장거리 경주 종목.
***무리** 도리나 이치에 맞지 않거나 정도에서 지나치게 벗어남.

공주님, 공주님~!

탁 탁 탁

말도 없이 어딜 갔다 오는 거야?

새로운 인물 찾으러요. 이번엔 아주 *기막힌 인물을 찾았어요.

헉

헉

쳇! 새 왕국을 만드는 데 전쟁 영웅이 최고인데….

잠깐 귀 좀.

슉

응?

소곤

소곤

뭐? 스포츠 스타!

*기막히다 어떻다고 말할 수 없을 만큼 좋거나 정도가 높음.

이탈리아 *로마

하트 공주가 훔쳐 간 건 아프리카 책들인데 여긴 올림픽이 열리는 1960년 이탈리아 로마잖아.

정말 하트 공주의 발자국 맞아?

음

그건 나도 알아. 하지만 발자국이 여기 있는걸.

터벅 터벅

비켜 주세요.

툭

앗!

156

*로마 이탈리아반도의 중서부에 있는 도시로 이탈리아의 수도.

마법 안경이!

툭

어쩌지?
아직 하트 공주의
정확한 위치도
못 찾았는데.

어휴,
조심했어야지.

어머, 설마
저 흑인들도
선수야?

응,
에티오피아에서
왔대.

그런 나라도
있어?

갸우뚱

사실 나도 처음 들어 봐.
아프리카의 가난한
나라겠지 뭐.

가난한 나라에서
용케도 올림픽에
*참가하러 왔네.

크크

호호

*참가하다 모임이나 단체 또는 일에
관계하여 들어감.

157

저 사람들, 말이 너무 심한 거 아냐?

아프리카가 가난해진 건 다 유럽 열강 때문인데.

하하하 깔깔깔

끙

내가 가서 당장…!

홱

이번 대회에서는 아프리카가 *돌풍을 일으킬 거거든요!

말조심 하세요!

멈칫

158 *돌풍 갑작스럽게 사회적으로 많은 관심을 모으거나 많은 영향을 끼치는 현상.

＊**출신** 출생 당시 가정이 속하여 있던 사회적 신분.
＊**진지하다** 마음 쓰는 태도나 행동 따위가 참되고 착실함.

도와줘서 고마워요, 누나, 형!

그 정도 갖고 뭘? 우리도 아프리카를 무시하는 말을 하는 게 귀에 *거슬렸거든.

근데 넌 고향이 어디야?

제 고향은 아프리카 *소말리아예요. 어릴 적 부모님을 따라 이곳 로마로 이사 왔지만 한 번도 고향을 잊은 적이 없어요.

아뇨. 영국과 이탈리아로부터 독립한 지가 얼마 되지 않아 참가 못 했어요. 대신 이웃 나라인 에티오피아라도 응원하려고요.

그럼 소말리아도 이번 대회에 참가했니?

*거슬리다 순순히 받아들여지지 않고 언짢은 느낌이 들며 기분이 상함.
*소말리아 아프리카 대륙의 동북부에 있는 공화국.

그럼 혹시 에티오피아의 아베베 비킬라라는 선수를 아세요?

에티오피아라면 우리도 잘 알지.

어떻게 잊을 수 있겠어.

정말요?

아베베 비킬라?

로마 올림픽에서 2시간 15분 16초의 세계 *신기록으로 올림픽 금메달을 딴 마라톤 선수야.

지잉

11

***신기록** 기존의 기록보다 뛰어난 새로운 기록.

161

아베베 비킬라 (1932년~1973년)

에티오피아 출신의 세계적인 마라토너예요. 원래는 황제 친위대에 속한 군인이었지요. 아베베의 이름이 알려진 것은 1960년에 열린 로마 올림픽에서였어요. 부상 당한 선수를 대신해 마라톤 경기에 출전하게 되었는데, 이때 발에 맞는 신발이 없어 맨발로 달렸다고 해요. 그런데도 세계 신기록을 세우며 금메달을 목에 걸게 됩니다. 이 일로 아베베는 '맨발의 왕자'라 불리며 일약 세계적인 스포츠 스타로 떠오르게 되었어요. 4년 뒤 열린 도쿄 올림픽에서 또 한 번 세계 신기록을 세우며 우승, 올림픽 사상 최초로 마라톤 2연패를 달성했습니다.

전 이번 올림픽에서 아베베 선수가 *우승해서 세계를 놀라게 할 거라고 믿어요.

딩고가 그렇게 칭찬을 하니 우리도 궁금한걸.

마침 아베베 선수의 연습을 구경하러 갈 건데 같이 갈래요?

어쩌지?

마법 안경이 망가졌으니, 일단 사람이 모이는 곳으로 가는 게 낫겠어.

속닥

그래, 딩고를 따라가자.

좋아, 같이 가자!

*우승 경기, 경주 따위에서 이겨 첫째를 차지함. 또는 첫째 등위.

*출전 시합이나 경기 따위에 나감.
*정신력 정신적 활동의 힘.

그런데 아베베 선수는 이번 올림픽에 참가하는 마음이 어때요?

사실 마음이
무척이나 무겁단다.

므흠

왜요?
저 같으면
엄청 설렐 것
같은데.

물론 그렇지. 하지만 한때
우리 나라를 침략했던 이탈리아에서
조국을 대표해 뛴다고 생각하니
마음이 편하지만은 않아.

그러고 보니
에티오피아는 과거에
이탈리아의 침략을
물리친 적이 있죠?

맞아.
1895년부터 1896년까지 벌어진,
제1차 에티오피아-이탈리아 전쟁에서 승리해
당시 라이베리아와 함께 아프리카의
몇 안 되는 독립 국가가 되었지.

하지만 1935년,
*무솔리니가 이끄는 이탈리아는
다시 침략했어. 결국 5년간 강제 점령을
당해야 했지.

아프리카 국가들은
억울한 일을 많이 겪었어.

제2차 세계 대전 이후
많은 국가들이 독립했지만
아직도 세계에서
정치·경제적으로 정당한
평가를 받지 못하지.

너무 속상해 하지 마세요!
유럽 열강이 저지른
만행 탓에 힘든 거지,
아프리카 탓은 아니잖아요.
언젠가 아프리카도
안정을 찾을 거예요.

그래서 난
우리도 노력하면
무엇이든 이룰 수 있다는
것을 보여 주고 싶어!

불끈

아베베 선수라면
꼭 할 수 있을
거예요!

저희도
응원할게요!

*무솔리니 이탈리아의 독재자.

167

딩고 덕분에 정말 좋은 시간을 가졌던 것 같아.

난 정말 아베베 선수의 팬이 됐어.

어? 저기!

왜?

하트 공주 일당이야!

올림픽 *취재 기자들 틈에 섞여 뭘 하는 거지?

어서 가 보자!

타 다 닷

168

*취재 작품이나 기사에 필요한 재료나 제재를 조사하여 얻음.

앗, 놓쳤어!

부우웅

도대체 올림픽 취재 기자로 변장해 뭘 하려는 걸까?

보나마나 아프리카 출신 선수를 노리겠지.

두

둥

정말?

이번엔 올림픽 영웅인 아베베 선수를 노리는 게 아닐까?

음

그렇다면, 아베베 선수 곁에서 보호하는 방법은 하나뿐이야. 내가 마라톤에 참가해 같이 뛰면서 그를 지키겠어!

불끈

*반환점 경보나 마라톤 경기에서, 선수들이 돌아오는 점을 표시한 표지.
*중반 바둑이나 운동 경기 등에서 초반이 지나고 본격적인 대전으로 들어가는 국면.

슬슬 올 때가 됐는데.

!

공주님, 저기 옵니다!

척

*구간(175쪽) 어떤 지점과 다른 지점과의 사이.

탁

탁

탁

좋아! 계획대로 사람들이 없는 *구간에서 방송용 *차량인 것처럼 접근해 아베베를 사로잡는다.

어서 출발해!

네!

철컥

누구 마음대로!

아악!

뻥

넌!

*차량 도로나 선로 위를 달리는 모든 차를 통틀어 이르는 말.

175

공주님, 이 녀석은 제가 막을게요. 어서 가서 아베베를 잡으세요!
안 돼!
탕
후훗, 이걸로 아베베는 내 것이 된다!
파앗
천만에! 어림없어요!
히익! 뭐, 뭐야?
촤아아

공주님!

꺄아아악!

이걸로 공주님의 헛된 꿈은 끝이에요!

안 돼!

파
아
앙

펑

퍼 엉

*대체 언제까지
날 방해할 거야?
정말 가만두지 않겠어!

삐익 삐익

*대체 다른 말은 그만두고 요점만 말하자면.

공주님, 경찰입니다!

이거 놓지 못해!

일단 여길 벗어나야 해요! 어서요!

고래 고래

이걸로 끝났다고 생각하지 마! 언젠간 반드시 *복수할 거야!

지잉

파 앙

이번 임무도 잘 마무리했네. 돌아갈 일만 남은 건가?

*복수하다 원수를 갚음.

잠깐! 아직 한 가지가 남았어.

씨익

아프리카 선수가 1위라니, 굉장해! 그것도 맨발로!

최초로 2시간 20분대를 깨는 신기록도 세웠어!

웅성

어쩌면 지금까지 우린 아프리카를 너무 무시했는지 몰라.

맞아. 알고 보면 아프리카야말로 우리 인류가 시작된 땅인데.

웅성

180

*잠재력(181쪽) 겉으로 드러나지 않고 속에 숨어 있는 힘.
*꽃피다(181쪽) 어떤 일을 발전시키거나 번영하게 함.

아베베의 소원대로 사람들이 이젠 아프리카의 힘을 알게 될 거야.

맞아, 머지않아 아프리카는 *잠재력을 *꽃피우게 될 거야.

근데 솔이 넌 돌아가면 뭘 할 거야?

그럼 우리도 이젠 진짜 돌아갈까?

슥

만델라 선생님과 얘기하면서 느꼈던 것들을 바탕으로 새 노래를 만들어 보려고 해.

난 아베베 선수와 연습한 경험을 살려 다음 주 육상 대회를 준비할 거야.

달리기는 우리가 최고!

'아프리카' 하면 무엇이 떠오르나요? 굶주림, 전쟁 등 부정적인 이미지를 먼저 떠올리는 사람도 있을 거예요. 그런데 아프리카 사람들이 좋은 일로 세계인의 부러움을 받는 때가 있어요. 바로, 국제 육상 대회입니다. 육상 종목에서는 유독 아프리카 출신 선수들이 큰 활약을 펼쳐요. 특히 오천 미터, 만 미터, 마라톤과 같은 장거리 경기에서 아프리카 선수들의 실력은 압도적이지요. 케냐, 탄자니아, 에티오피아 등 아프리카 동부 지역 국가의 선수들이 강세인데, 그 이유는 이 나라들이 모두 높은 지대에 자리 잡고 있기 때문이에요. 산소가 부족한 고지대에서 태어나 생활하다 보니 자연스레 강한 심장과 큰 폐활량을 가지게 된 것입니다.

생명의 땅, 아프리카

아프리카 적도 지역을 중심으로 살고 있는 피그미족은 어른 남자의 평균 키가 150센티미터도 되지 않지만, 맹수가 곳곳에 도사리고 있는 아프리카의 깊은 숲속에 살고 있어요. 아프리카 동부의 케냐와 탄자니아 지역에는 평균 키가 170센티미터를 훨씬 넘는 큰 키의 마사이족도 살고 있지요. 이들은 소와 염소 등을 키우며 풀을 찾아 이동하는 유목 생활을 하지요. 뿐만 아니라 육지 동물 중 가장 큰 아프리카 코끼리, 맹수의 왕인 사자, 지구상에서 가장 달리기가 빠른 치타 등 다른 대륙에서는 볼 수 없는 많은 동물들이 사람들과 함께 삶을 누리고 있어요. 하지만 기후 변화로 생긴 사막화와 자원 개발로 환경이 파괴되면서 아프리카 동물들이 살 곳이 점점 줄어들고 있어요.

퀴즈 아프리카 코끼리, 사자, 치타 등의 동물이 살고 있는 대륙은?
① 아프리카 ② 아메리카

멸종 위기의 아프리카 코끼리

옛날에는 피아노의 흰 건반, 당구공, 도장 등을 모두 '상아'로 만들었어요. 상아는 코끼리의
위쪽 엄니가 입 밖으로 뿔처럼 길게 자란 것을 말해요. 긴 코와 함께 코끼리의 상징과도 같지요.
문제는 상아로 만든 물건을 찾는 사람이 많아질수록 아프리카 코끼리의 수는 줄어든다는
거예요. 상아를 얻으려고 코끼리를 마구잡이로 죽였거든요. 과거, 그 많던 아프리카 코끼리는
현재 멸종 위기 상태라고 합니다. 지금은 코끼리 사냥이 법으로 금지되었지만, 단속을 피해
몰래 사냥하는 밀렵꾼들 때문에 아직도 수많은 코끼리가 위협받고 있어요. 그래서인지 상아가
비정상적으로 짧아지거나, 아예 상아 없이 태어나는 코끼리도 있다고 합니다.

너 상아 어쨌니?

➡ 밀렵꾼에게서 압수한 상아들

어차피 사람들이 가져갈 건데요, 뭘.

일본에게 수난을 겪었던 창경궁

조선 시대 한양에는 경복궁, 창경궁, 창덕궁, 덕수궁, 경희궁 등 다섯 개의 큰 궁궐이 있었어요.
그중 창경궁은 일제 강점기에 큰 수난을 겪었어요. 일본이 창경궁의 이름을 창경원으로 바꾸고
동물원으로 만들어 버린 것이지요. 의도적으로 궁궐을 구경거리로 만들어 버린 거예요.
또한 창경궁 안에 일본풍의 건물을 짓기도 했어요. 이때 창경궁의 전각과 담장, 궁문이 변조되거나
파손되어 원래의 모습을 잃어버렸어요. 광복 후에도 창경궁은 동물원으로 운영되다가, 1983년이
되어서야 본래의 모습으로 되돌리기 위한 복원이 시작되었어요. 사라진 건물들을 다시 지었지만,
과거의 아름다운 모습을 완벽하게 되살리지는 못했지요. 부수기는 쉬워도 그 모습을 다시 되살리는
것은 매우 어려운 일입니다. 앞으로 우리의 소중한 문화유산이 훼손되지 않도록 잘 지켜야겠지요?

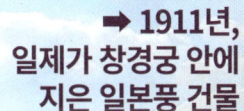

➡ 1911년,
일제가 창경궁 안에
지은 일본풍 건물

⬆ 창경궁 전경

퀴즈 일제 강점기 때 창경원으로 불렸던 우리나라의 궁은?
　① 창경궁　② 혜경궁

① 답장

다음은 아프리카의 유명한 인물들이에요.
누가 누구인지 찾아볼까요?

남아프리카 공화국
흑인 인권 운동에
기여해 노벨 평화상을
받았어요.

뛰어난 지도력으로
넓은 영토와
강한 군사력을 가진
줄루 왕국을
세웠어요.

맨발로 뛰고도
올림픽 마라톤에서
세계 신기록을
세우며 우승했어요.

이탈리아의
침공을 격퇴했으며,
에티오피아의
근대화를
이끌었어요.

아베베 비킬라

메넬리크 2세

넬슨 만델라

샤카 줄루

버리가 사파리 투어를 하고 있어요.
그런데 문제를 맞춰야만 동물들을 만날 수 있대요.
가로세로 낱말풀이를 완성해서 다양한 동물들을 만나 보세요.

가로 풀이

1. 미국에 노예로 끌려갔던 사람들이 돌아와 세운 아프리카의 나라야.

2. 군대를 개혁하고 주변의 부족들을 통합해 강대한 줄루 왕국을 세운 인물이야.

3. 줄루 왕국과 영국군이 벌인 전투의 이름이야. '○○○○○ 전투'

세로 풀이

1. 남아프리카 공화국 최초의 흑인 대통령이야. '넬슨 ○○○'

2. 이 나라는 에티오피아를 침공하려다 아두와 전투에서 에티오피아군에게 대패했어.

3. 아두와 전투를 승리로 이끌어 에티오피아의 독립을 지켜 낸 왕이야. '○○○○ 2세'

4. 총으로 무장한 영국군과의 전투에서 대승을 거둔 줄루 왕국의 왕이야.

5. 최초로 발견된 오스트랄로피테쿠스 아파렌시스 화석에 붙여진 이름이야.

1 다음은 신석기 시대의 모습입니다.
그림을 보고 올바르게 설명한 것을 두 개 고르세요.

① 식량을 찾아 여기저기 옮겨 다니며 살았어요.
② 농사를 짓기 시작하면서 정착 생활을 했어요.
③ 처음으로 불을 사용하기 시작했어요.
④ 동물의 어린 새끼를 기르면서 가축도 생겨났어요.

2 다음은 어떤 것에 대해 인터넷으로 검색했을 때 나온 결과입니다.
검색어로 적당한 것은 무엇일까요?

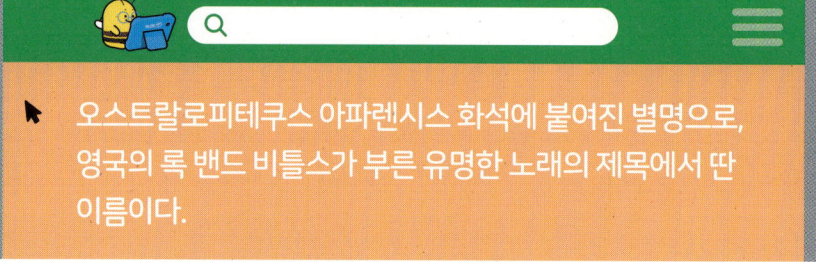

오스트랄로피테쿠스 아파렌시스 화석에 붙여진 별명으로,
영국의 록 밴드 비틀스가 부른 유명한 노래의 제목에서 딴
이름이다.

① 루시   ② 엘리자베스   ③ 잔 다르크   ④ 마리아

3 다음 지문의 〔〔〔〔〔〕 안에 들어갈 말이 맞게 짝지어진 것을 고르세요.

아파르트헤이트는 〔 ㉠ 〕에 존재했던 극단적인 인종 차별 정책을
뜻하는 말이다. 이 정책은 1994년 5월에 처음으로 실시된 자유 총선거에서
〔 ㉡ 〕가 남아프리카 공화국 최초의 흑인 대통령으로 뽑히면서 역사
속으로 사라졌다.

① ㉠ 에티오피아　　　　 ㉡ 넬슨 만델라
② ㉠ 남아프리카 공화국　 ㉡ 세츠와요
③ ㉠ 남아프리카 공화국　 ㉡ 넬슨 만델라
④ ㉠ 에티오피아　　　　 ㉡ 메넬리크 2세

4 다음은 아프리카 노예 무역과 관련된 그림입니다.
노예 무역에 대해 잘못 설명한 것은 무엇인가요?

① 백인이 주로 살던 유럽과 북아메리카에 많은 흑인이 들어온 이유예요.

② 여자와 아이는 제외하고 성인 남성만 골라 노예로 잡아갔어요.

③ 아메리카로 끌려간 흑인 노예들은 주로 사탕수수 농장에서 일했어요.

④ 400년간 1,200만 명이 넘는 아프리카 흑인들이 아메리카로 끌려갔어요.

5 아래 그림은 이산들와나 전투의 모습입니다.
이 전투에 대해 잘못 말한 사람은 누구인가요?

① **윤채** : 아프리카를 남북으로 연결하려는 영국의 종단 정책과
동서로 가로지르려는 프랑스의 횡단 정책이 충돌해 벌인 전투야.

② **승훈** : 아프리카 군대가 유럽 군대에 맞서 싸워 최초로 승리한 전투야.

③ **윤빈** : 창을 든 줄루 왕국의 전사들이 총기와 신식 무기로 무장된
영국군을 이기자, 당시 유럽 사람들은 큰 충격에 빠졌어.

④ **윤후** : 1879년에 줄루 왕국과 영국이 아프리카 남부 이산들와나 평원에서
벌인 전투로, 줄루 왕국이 대승을 거두었어.

6 에티오피아에 대한 설명입니다. 맞으면 ○표, 틀리면 ✕표를 하세요.

① 기독교 국가이며, 매우 긴 역사를 자랑해요. (　　)
② 아프리카 국가 중 거의 유일하게 식민 지배를 당한 적이 없어요. (　　)
③ 미국에 노예로 끌려갔던 이들이 돌아와 세운 나라예요. (　　)
④ 1896년, 침략자인 이탈리아와 벌인 아두와 전투에서
　 큰 승리를 거두었어요. (　　)

7 아래 그림과 관련된 역사적 사건은 무엇일까요?

① 르완다 사건　　② 사라예보 사건　　③ 파쇼다 사건　　④ 카이로 회담

8 아프리카의 국경선은 반듯한 일직선인 경우가 많습니다.
이에 대해 잘못 설명한 것을 고르세요.

① **제니** : 유럽 열강이 아프리카를 식민지로 분할하면서
편의대로 국경선을 그어 버렸어.

② **은우** : 부족과 민족에 상관없이 그어진 국경선 때문에
같은 민족이 서로 다른 나라에 살게 됐어.

③ **효섭** : 반듯한 국경선 덕분에 나라 간 이동이 편해져서
무역 활동이 활발해졌어.

④ **소희** : 한 나라 안에 여러 민족이 살게 돼서 지금도 내전 등
각종 혼란을 겪고 있어.

9 아프리카를 대표하는 인물들입니다.
인물에 대한 설명이 맞는 것끼리 연결해 보세요.

① 메넬리크 2세

② 넬슨 만델라

③ 아베베 비킬라

④ 샤카 줄루

가 남아공의 흑인 인권 운동가로, 인종 차별 정책인 아파르트헤이트에 맞서 싸웠어요. 이후 세계 인권 운동의 상징이 되어 노벨 평화상을 받았고, 1994년에는 남아공 최초의 흑인 대통령이 되었어요.

나 에티오피아 황제예요. 부족 간 대립으로 분열되었던 에티오피아를 통합하고, 이탈리아의 침략을 물리쳐 독립을 지켜 냈어요. 또한 다양한 개혁을 통해 에티오피아의 근대화를 이끌었어요.

다 19세기 초 남아프리카에서 줄루족을 이끈 지도자예요. 그는 무기 개량과 군대 조직 개편, 뛰어난 전술 등으로 주변의 부족들을 통합해 넓은 영토와 강한 군사력을 가진 줄루 왕국을 건설했어요.

라 에티오피아의 세계적인 마라토너예요. 1960년 로마 올림픽에서 맨발로 달렸음에도 신기록을 세우며 우승했어요. 1964년 도쿄 올림픽에서도 우승해, 올림픽 사상 최초로 마라톤 2연패를 달성했어요.

도전 세계사 놀이 퀴즈·정답 따라가기

버리가 아프리카를 여행하고 있어요.
즐거운 여행이 되도록 문제를 맞혀 보세요.

도전 세계사 놀이 퀴즈·사다리 타기

다음은 아프리카의 유명한 인물들이에요.
누가 누구인지 찾아볼까요?

- 남아프리카 공화국 흑인 인권 운동에 기여해 노벨 평화상을 받았어요.
- 뛰어난 지도력으로 넓은 영토와 강한 군사력을 가진 줄루 왕국을 세웠어요.
- 맨발로 뛰고도 올림픽 마라톤에서 세계 신기록을 세우며 우승했어요.
- 이탈리아의 침공을 격퇴했으며, 에티오피아의 근대화의 인물이에요.

아베베 비킬라 　메넬리크 2세 　넬슨 만델라 　샤카 줄루

도전 세계사 놀이 퀴즈·가로세로 낱말풀이

버리가 사파리 투어를 하고 있어요.
그런데 문제를 맞혀야만 동물들을 만날 수 있대요.
가로세로 낱말풀이를 완성해서 다양한 동물들을 만나 보세요.

가로 풀이

1. 미국에 노예로 끌려갔던 사람들이 돌아와 세운 아프리카의 나라야.
2. 군대를 개혁하고 주변의 부족들을 통합해 강대한 줄루 왕국을 세운 인물이야.
3. 줄루 왕국과 영국군이 벌인 전투의 이름이야. 'ㅇㅇㅇㅇㅇ 전투'

세로 풀이

1. 남아프리카 공화국 최초의 흑인 대통령이야. '넬슨 ㅇㅇㅇ'
2. 이 나라는 에티오피아를 침공하려다 아두와 전투에서 에티오피아군에게 대패했어.
3. 아두와 전투를 승리로 이끌어 에티오피아의 독립을 지켜 낸 왕이야. 'ㅇㅇㅇㅇ 2세'
4. 총으로 무장한 영국군과의 전투에서 대승을 거둔 줄루 왕국의 왕이야.
5. 최초로 발견된 오스트랄로피테쿠스 아파렌시스 화석에 붙여진 이름이야.

1 답 ②, ④

식량을 찾아 이리저리 옮겨 다니고, 불을 처음 사용하기 시작했던 때는 구석기 시대이다.

2 답 ①

오스트랄로피테쿠스 아파렌시스 화석에 붙여진 별명은 '루시'로,
발굴 당시 라디오에서 흘러나오던 영국 록 밴드 비틀스의
'Lucy In The Sky With Diamonds'라는 노래에서 딴 이름이다.

3 답 ③

아파르트헤이트는 남아프리카 공화국에 존재했던 극단적인 인종 차별 정책으로,
넬슨 만델라가 남아프리카 공화국 최초의 흑인 대통령으로 뽑히면서 역사 속으로 사라졌다.

4 답 ②

유럽인은 남녀를 가리지 않고 건강한 아프리카인은 물론이고, 심지어 7세 이상만 넘으면
아이들까지도 노예로 끌고 갔다.

5 답 ①

영국의 종단 정책과 프랑스의 횡단 정책이 충돌한 것은 '파쇼다 사건'이다.

6 답 ①-○, ②-○, ③-✕, ④-○

미국에 노예로 끌려갔던 아프리카 사람들이 돌아와 세운 나라는 라이베리아이다.

7 답 ③

영국의 종단 정책과 프랑스의 횡단 정책이 수단의 파쇼다에서 충돌한 사건이다.

8 답 ③

유럽 열강이 부족과 민족에 상관없이 그어 놓은 국경선 탓에 아프리카에서는
내전이 끊이지 않고 있다. 이로 인해 많은 사람들이 목숨을 잃고 있으며,
아프리카의 경제마저 매우 어려워졌다.

9 답 ①-나, ②-가, ③-라, ④-다

아프리카

기원전

약390만년전 오스트랄로피테쿠스 등장

약180만년전 호모 에렉투스 등장

약20만년전 현생 인류인 호모 사피엔스 등장

기원후

이산들와나 전투 기록화

1879년 줄루 왕국과 영국, 이산들와나 전투

1895년~1896년 제1차 에티오피아−이탈리아 전쟁

1896년 에티오피아, 이탈리아와
아디스아바바 조약 체결, 우찰레 조약 폐지

1898년 파쇼다 사건

아두와 전투 중인 메넬리크 2세

1960년 아프리카 17개국 독립
아베베, 로마 올림픽 마라톤 첫 우승

1935년~1936년 제2차 에티오피아−이탈리아 전쟁

1974년 에티오피아에서 최초의 인류 '루시' 화석 발견

1993년 만델라, 노벨 평화상 수상
남아공, 흑인에게 투표권 부여하는 법안 통과

맨발로 경기 중인 아베베

1994년 만델라, 남아공 최초의 흑인 대통령으로 당선
아파르트헤이트 완전 폐지

2010년 아프리카 최초로 남아공 월드컵 개최

2002년 아프리카 연합(AU) 설립

아프리카 연합의 회의 모습

세계사

기원전

3500년경 메소포타미아 문명 시작

750년경 고대 그리스, 도시 국가 형성

기원후

622년 헤지라, 이슬람교 정립

1488년 포르투갈의 바르톨로메우 디아스,
아프리카 남단의 희망봉 발견

1492년 콜럼버스 아메리카 대륙 발견

1600년 영국, 동인도 회사 설립(~1858년)

1769년 제임스 와트, 증기 기관 개량
영국, 산업 혁명 본격화

1841년~1873년 리빙스턴, 유럽인 최초로 아프리카 횡단
아프리카 대륙을 유럽에 알림

1863년 미국 링컨 대통령, 노예 해방 선언

1914년 제1차 세계 대전(~1918년)

1939년 제2차 세계 대전(~1945년)

1993년 유럽 연합(EU) 탄생

한국사

기원전

70만년전 구석기 시대 시작

6000년경 신석기 시대 시작

2333년 고조선 건국

57년~18년 신라, 고구려, 백제 건국

기원후

698년 발해 건국

918년 고려 건국

1392년 임진왜란(~1598년), 한산도 대첩

1866년 병인박해, 병인양요

1871년 신미양요, 척화비 건립

1910년~1945년 일제 강점기

1948년 대한민국 정부 수립

1950년 한국 전쟁 발발

1980년 5.18 민주화 운동

2018년 제23회 평창 동계 올림픽 개최

사진 출처

74 **샤카 줄루 동상** | 위키피디아

84 **이산들와나 전투 기록화** | 위키피디아

86 **노예 무역** | 위키피디아

92 **메넬리크 2세** | 위키피디아

116 **랄리벨라 암굴 교회** | 위키피디아 ©Thomas Fuhrmann

117 **1936년, 에티오피아 군인들** | 위키피디아
1935년 타임지 표지에 실린 하일레 셀라시에 황제 | 위키피디아 ©Jerry Farnsworth

118 **라이베리아 국기** | 위키피디아

130 **넬슨 만델라** | 위키피디아 ©John Mathew Smith 2001

150 **아프리카 연합의 회의 모습** | 위키피디아

162 **아베베 비킬라** | 위키피디아

184 **밀렵꾼에게서 압수한 상아들** | 위키피디아 ©USFWS Mountain-Prairie

185 **창경궁 전경** | 위키피디아 ©서울시
1911년, 일제가 창경궁 안에 지은 일본풍 건물 | 위키피디아 ©서울역사아카이브

191 **노예 무역** | 위키피디아

192 **이산들와나 전투 기록화** | 위키피디아

195 **메넬리크 2세** | 위키피디아
넬슨 만델라 | 위키피디아 ©John Mathew Smith 2001
아베베 비킬라 | 위키피디아
샤카 줄루 동상 | 위키피디아

198 **이산들와나 전투 기록화** | 위키피디아
아두와 전투 중인 메넬리크 2세 | 위키피디아
맨발로 경기 중인 아베베 | 위키피디아
아프리카 연합의 회의 모습 | 위키피디아